生物老师眼中的
花鸟虫鱼

周韧刚 主编

上海交通大学出版社
SHANGHAI JIAO TONG UNIVERSITY PRESS

内容提要

　　花鸟虫鱼,从来是文人墨客关注的重点,也是热爱生命的人生活中的一部分。生物老师,不仅在课堂上传授与生命有关的知识、方法、情感态度与价值观,他们还关注身边的各种生物,从栽培饲养到野外观察,从自己欣赏到引导学生关注,从家里、庭院,直至街头、野外,从上海走向全国甚至世界各地。他们期望以生物为载体,传递热爱自然的理念。本书图文并茂,兼具科学性和欣赏性,可供对生物学有兴趣的师生及热爱大自然的人们共同赏读。

图书在版编目(CIP)数据

生物老师眼中的花鸟虫鱼/周韧刚主编.—上海:上海交通大学出版社,2018
ISBN 978 - 7 - 313 - 17495 - 6

Ⅰ.①生…　Ⅱ.①周…　Ⅲ.①生物课-中学-教学参考资料
Ⅳ.①G634.913

中国版本图书馆 CIP 数据核字(2018)第 064986 号

生物老师眼中的花鸟虫鱼

主　　编:周韧刚
出版发行:上海交通大学出版社　　　　　　地　　址:上海市番禺路 951 号
邮政编码:200030　　　　　　　　　　　　电　　话:021 - 64071208
出 版 人:谈　毅
印　　制:上海锦佳印刷有限公司　　　　　经　　销:全国新华书店
开　　本:880mm×1230mm　1/32　　　　印　　张:8.125
字　　数:205 千字
版　　次:2018 年 5 月第 1 版　　　　　　 印　　次:2018 年 5 月第 1 次印刷
书　　号:ISBN 978 - 7 - 313 - 17495 - 6/G
定　　价:88.00 元

前 言

老师，是一个古老的职业。"传道授业解惑"的职业定位沿用了千余年。直到现在，"身正为范，学高为师"仍是社会对这个职业的基本要求。

生物老师是中学阶段教师群体中的一部分。由于生物老师教学的内容无不与生物、生命现象息息相关，加之生物的多样性、生命现象的复杂性等又造就了研究生命规律的难度，因此在各个学科均充分发展的基础上，生命科学领域从 20 世纪下半叶起发展迅猛，生物学科在学生成长中有着其他学科无法替代的价值。

职业的特殊性造就了独特的职业群体。除了对生命世界充满更多的关注外，独特的观察视角，不怕苦不怕累，愿意起早贪黑、跋山涉水地走进自然，常常成为生物老师最为显眼的特征。但是，备课、上课、批改作业、编制习题等繁忙的工作，可能占用了生物老师很多时间和空间。渐渐的，一些生物老师变成了学生眼中只会教书本和刷题的群体，他们的课堂中多了图片，少了实物，多了讲解，少了实验，他们举出来的教学事例也开始与大自然渐行渐远。这样的状态并不好！我们期望课堂中有更鲜活的事例，期望学生在离开生物课堂时仍能关注身边的生命现象，期望大自然中的生命现象能有更多科学的解读……

本书的作者就是这么一群生物老师——上海市生命科学学

科德育研究实训基地的导师和学员们，一群有情怀的生物老师，纷纷把目光投向了身边的花鸟虫鱼。他们期望以此为载体，向学生和世人传递观察自然的方法和热爱自然的理念。他们从关注身边寻常的生物开始，从家中走向庭院，从庭院走向校园，直至走到街头、公园、湿地、荒野，观察的视野从上海走向全国甚至世界各地。有花鸟虫鱼的陪伴，他们的生活不再孤单，他们的旅行不再寂寞，他们的教学更加生动有趣。

以自然为载体，关注生命，探索奥秘，感悟道理，这可能是花鸟虫鱼对生物老师的独特贡献。本书的内容谈不上精深，可能在一些阐述上还有不成熟的地方，但生物老师对花鸟虫鱼的点滴感想，可能正是自然教育的良好契机。在博物学正悄悄复兴之时，希望有更多的人依然热衷于投身自然。这些，就从生物老师引导学生和更多世人关注花鸟虫鱼开始吧！

本书编写过程中，承蒙徐向东、戴耀红、杜淑贤、顾岗、张林、程勇和李海伟老师的帮助和支持，在此一并表示感谢！

周韧刚

2018 年 3 月

目 录

姐妹俩与小埋和小白的故事

赵运高

　　说到鼠，人们想到的总是"贼眉鼠眼""老鼠过街，人人喊打"等。说实话我也不太喜欢鼠，怕它咬人就是其中原因之一。妹妹（文中均指小姨子女儿，下同）属鼠，我还经常用这些词语和她开玩笑，逗她玩呢！但自从姐姐（文中均指我女儿，下同）和妹妹一起买了两只小仓鼠回家饲养以后，我们的看法就大大改变了。

　　去年春季的一天，我们一大家子去梅陇花鸟市场买花，路过一家宠物店,姐妹俩挪不开步了。原来她们俩被小仓鼠吸引住了:这些小精灵躺在一个大盒子里,热热闹闹挤成一团,有的叠在一起甜美地睡大觉,有的在跑步机里锻炼身体,有的睁着水灵灵的大眼睛好奇地打量着路人。在姐妹俩的苦苦哀求(确切地说,是死缠烂打,因为我们原本不喜欢鼠,也不太会养这些小家伙)下,我们终于同意给姐妹俩各买一只小仓鼠。

姐妹俩买鼠归来

鼠屋和鼠粮

小仓鼠回到家以后,姐妹俩对它们简直爱不释手,经常把两只小鼠放在一起养,但是怎么区分它们呢?姐妹俩通过观察两只小鼠的行为,发现大的有些懒,不太喜欢运动,喜欢钻到木屑堆里藏起来,给其取名"小埋";小的好动,身体略瘦些,毛色更白一些,取名为"小白"。姐姐认领了小埋,妹妹认领了小白,这与姐妹俩的特质挺符合的。

活泼好动的小白

慵懒的小埋

小仓鼠的警觉性很高。当姐姐将手伸进鼠笼，还没摸到它呢，小埋就立即直立起身子，鼻子不停地嗅啊嗅，胡须也紧张地微微颤动。姐姐无奈，没法触摸，只好将手退出笼子。小埋见不明物体离开了，才放心地四脚着地，做自己的事，或者钻入木屑。

小仓鼠十分聪明。一次，妹妹比较忙，忘记给小白添加食物，待妹妹去看它的时候，它并没有像我们想象的那样饥饿地攀着笼子等待食物，而是埋着头"咯吱咯吱"地啃着什么。妹妹十分奇怪："食盆明明是空的啊！"这时，小白叼着一颗瓜子抬起头来狡黠地看了妹妹一眼。妹妹此时才发现，原来小鼠发现没有吃的后，将我们放在笼边的一袋瓜子抓破，偷吃漏出的瓜子。再看一眼小白，它似乎正得意地看着妹妹，在向妹妹炫耀着它的智慧。

小仓鼠身手很矫健。就连相对慵懒的小埋都很厉害！姐姐常拿着瓜子逗小埋。先将瓜子放在笼边，小埋被吸引过来，刚要张嘴咬，姐姐迅速拿起

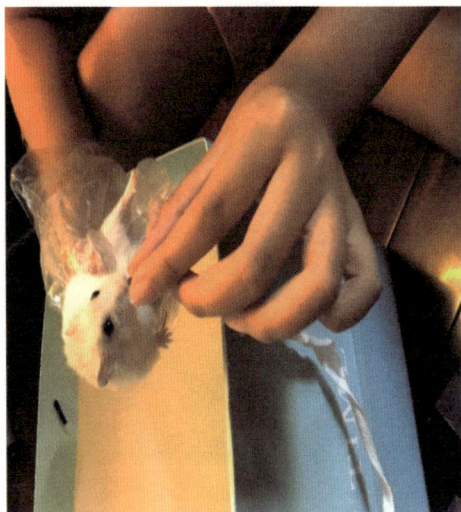

姐姐在照顾小埋

妹妹在照顾小白

狡黠的小白

逼急了的小埋

瓜子将其摆得高一些。再咬,再高些,再咬……小埋从蹲着到站起来,再到登上笼子凸出来的地方,那瓜子总是近在咫尺,却又够不着。终于,小埋被逼急了,只见它挺起身子,伸长"手臂",抓住了笼子盖上的一根横梁,以引体向上的姿势咬住了那颗瓜子,再敏捷地跳了下来,津津有味地享用着那颗瓜子,将目瞪口呆的姐姐晾在一旁。

就这样,姐妹俩对这两只小仓鼠越发疼爱,一有空就蹲在鼠笼前观察它们的动静,一见食盆空了就急忙加鼠粮怕它们饿着,每天给它们换新鲜饮用水怕它们渴着。小仓鼠就这样伴着姐妹俩度过了一个个日日夜夜,包括那个酷热的暑假。

但是,随着时间的流逝,姐妹俩的学业负担也逐渐加重了,她们对小仓鼠的照顾也没有那么周全了。常会一整天都没有给它们添加食物,有时候我们大人还记得去提醒或者代劳。终于,在寒冬到来的一天,姐姐突然想起两天没有给它们喂食了,该去照顾它们了。平常总是一听到动静就窜到门前的小埋这次却异常地没有出来迎接,姐姐正纳闷着,仔细看了看鼠笼,只见小埋趴在门口,一动也不动。姐姐的心跳猛然加速,急忙拎起鼠笼,使劲地摇晃起来,可是小埋还是没有动静。姐姐用颤抖的手缓缓将鼠笼放下,感觉眼前的一切忽然变得不真实起来。曾经,小埋是那么鲜活,喜欢用一双萌萌的小眼东瞅西瞧,喜欢贼兮兮地把食物藏在嘴里慢慢享用,它带给了姐姐无限的欢乐。可如今,不知道为什么,它却静静地睡着了,怎么也叫不醒。姐姐一直在纠结:是不是因为省钱没有给小埋买保暖的棉花,导致它着凉生病?是不是因为偷懒没有常给它换水、换木屑,导致它被细菌感染?是不是太忙没注意到它生病的迹象,没有及时治疗?姐姐就这样后悔着,一条鲜活的生命因为自己的疏忽而永远地离开了这个世界。我们看着也很难过,虽然当初并不赞同养小仓鼠。

可怜的小埋

孤独的小白

　　终于，姐姐的目光从小埋移向了小白。小白还是那么活泼，对身边发生的一切，好像一无所知，但是食盆也是空空如也。姐姐终于清醒过来，赶紧拿出小白的食盆，为它添满了食物，也换上新鲜的饮用水。

　　往者不谏，来者可追。有了这次惨痛的教训，姐姐表示无论今后多忙，也一定要好好关心、照顾小白，好好珍惜身边的一切！

小灰仔成长记

李 丹

可爱的小灰仔,今年8岁了,打出生起就在我们家。

8年前的夏天,朋友因为工作原因要离开上海,将他们家一笼已经在孵的蛋送给了我们。一个多礼拜后的一个周末,五个可爱的小生命争相破壳而出。欣喜之余,我的另一半提了一个大胆的建议,何不从中挑选一只人工养大?虽从事生物教学工作,但还从来没有养过刚出壳的鸟儿,我觉得这个建议很有意思,极具挑战性,一拍即合,立马行动。

　　朋友送的鸟儿名叫斑胸草雀,也叫珍珠鸟、锦华鸟等。我们先查阅了相关资料,详细了解了珍珠鸟的习性,然后分工合作,我负责人工鸟巢的制作,老公负责小家伙的食物。

小灰仔"标准像"

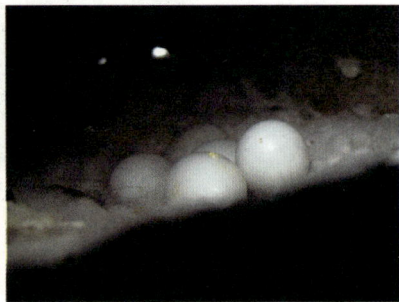

鸟蛋

　　由于珍珠鸟属于晚成雏,刚出生就是一个"小肉团",不能睁开眼睛,也没有羽毛覆盖,特别需要保暖。我特地跑去药店买了医用脱脂棉,从家里找出了一个四方的小纸盒,将脱脂棉一层一层地铺在盒子里,四周高,中间低,窝就搭建完成了。好在是夏天,环境温度较高,也就无需再额外加温,省事不少。

　　老公小时候养过鸟,有一定的经验。珍珠鸟以植物种子为主食,他立马去超市采购了小米,准备了熟蛋黄,又将家里早前剩下的墨鱼骨也找了出来,与善存片一起磨成粉,这就是小家伙接下来一段时间的主要食物了。

　　一切就绪,只欠小主角了。我们小心地将亲鸟赶出鸟窝,一个小家伙竟冲着我们张了几下嘴巴,就是它了,老公用一个小塑料勺,小心翼翼地把它从窝里"舀"了出来,它就是本文的主角——小灰仔。

新出壳的鸟宝宝

    小鸟生来都有乞食的天性，由于还未睁眼，拿小棉花球轻轻碰碰它，它会误以为是亲鸟，立马张开嘴来讨要食物，利用这个特性，正好可以进行人工喂养。老公凭借经验特制了营养餐，用熟蛋黄沾一点水，然后，粘一点墨鱼骨粉与善存片粉，再黏几粒用温水泡过的小米，用手指捏成细条状，用牙签插好，待小家伙张开嘴，立刻送入嘴中，小家伙就狼吞虎咽地吞下了肚。我在一旁看得很是开心。但是几个来回下来，我突然发现小家伙的脖子处鼓出了一个大包，刚刚喂入的食物，也都清晰可见，完全就是一层薄薄的透明皮层包裹着食物。我以为小家伙食道被撑破了，惊慌失色地叫停了老公的喂食动作。老公哈哈大笑，告知这是小鸟的嗉囊，刚出生的小鸟，没有毛，所以嗉囊清晰可见，刚喂入的食物也都会暂时贮存在这里，所以就鼓鼓囊囊的了。听完知识普及，在庆幸小家伙没事的同时，我也羞红了脸，真是学无止境。

鼓鼓的嗉囊

接下来,首要任务就是观察小家伙对人工配比的食物的接受、消化程度了。主要就是观察嗉囊里的食物是否慢慢变少,是否正常排便。很欣慰,小家伙很好地接受了我们配比的食物,一切正常。根据小家伙的情况,我们尽可能规律地喂食,差不多每两小时一次。同时,及时更换掉沾有便便的脱脂棉,保持清洁。

几次喂食下来,小家伙跟我们配合得越来越好。无奈周末两天一眨眼就过去了,第一个难题出现了,我们两个平时上班怎么办?搬救兵,把重任交给了退休在家的婆婆。得益于一家人的悉心照料,小家伙成长得很快。3天后就睁眼了,小眼睛炯炯有神,好奇地到处张望着,估计它也在打量谁是爸爸,谁是妈妈吧。

随着小家伙的不断长大,它也越来越调皮,越发不肯老实地待在窝里了。喜欢我们跟它玩闹,甚至喜欢睡在我们的手掌心里。我们也都听之任之,其乐融融。可是还有一个悬而未决的问题,我们还一直不知道小家伙的性别。珍珠鸟在幼鸟时期,毛色几乎都是一样的,不太好区分性别。而成年雄鸟和雌鸟毛色则有很大区别,雄鸟毛色艳丽,有花纹,非常好看,而雌鸟则保持为灰色。我们也等不及了,看小家伙浑身灰灰的,就给它正式取名"灰仔"。每次喂食前,平时玩耍中,都呼唤它的名字,很快它就对名字有了反应,不管有没有看到我们,只要听到呼喊它,都会报以鸣叫来应答。

鸟宝宝睁开眼

睡在手掌心

　　时间过得很快,灰仔很快自己开始练习飞行。先是双脚抓紧窝边,猛烈地张开双翅拍打,熟练后,慢慢过渡到脚助力腾空,但是屡试屡败,好几次直接掉落到地板上。心急的我们,非常担心它是人工喂养的,没有亲鸟教导,会失去飞行能力,后来才知道,我们的担心完全是多余的。飞行是小鸟的天性,经历了不断的尝试和练习,几天后,它果然腾空而起,从刚开始的跌跌撞撞,到后来的从一个房间到另一房间,再到满屋子到处撒欢飞翔。

　　学会飞行之后,灰仔又给了我们一个大大的惊喜,那就是开始换羽了。它的性别谜底也终于要揭开了。首先,乌黑的鸟喙逐渐变成了亮丽的红色,喉至上胸有了波状黑色条纹,胸部下方两侧及两胁呈栗红色,并布有小白色圆点,没错,是活脱脱的一枚帅哥!

成年前

成年后

　　灰仔会飞后,我们并未用笼子把它关起来,而是在阳台上散养,阳台自然而然成了它的地盘。我们特意挑选的几盆大型绿植,就成了它嬉戏玩闹的主要根据地。每日的水浴,更是它的最爱。洗好澡,它会慵懒地在阳光下尽情地理毛。它的食谱也已经演变成了种类丰富的各类植物种子和新鲜的青菜水果。而墨鱼骨也长期悬挂着,它兴致来了,也会去啄上几口,据说可以补钙。

洗澡后的小灰仔

同住一个屋檐下

　　由于珍珠鸟并非我国的原生物种，不能放归野外，所以，我们能做的就是尽可能地给它一个与人和谐共处的空间。对于我们，可能灰仔只是我们生命中很小的一部分，而对于灰仔，我们可能就是它的全部。通过这几年与灰仔的相处，我们感受着与动物同处一个屋檐下的乐趣，也更加明白了尊重和珍爱每个生命的意义。我们也要感谢灰仔一直以来的陪伴，给我们带来的快乐，也希望它继续健康快乐地与我们美美地生活下去。

野鸟恋上老刘家

周韧刚

老刘家地处上海市房屋密集、人口众多的居住小区。

也许是见惯了来来往往的人,一些鸟儿变得越来越胆大。不仅每天清晨唤醒大家,还将担负繁育后代重任的家在此落户了。

瞧,老刘家的阳台上居然凭空多出了一个精致的鸟巢!不知是何时造就的。想想也不容易,要来来回回飞多少次,才能编织出如此温馨、精致的窝啊!居然一直没有发现!

老刘的记录：

> 今晨忽然发现在自建的小花栏上有了下面的小家。
>
> 前天早上发现窗檐下新筑的精致鸟巢：
>
> 1. 内有蛋三枚。下午有蛋四枚。已将照片发给诸位，承关心，感谢！
>
> 2. 不敢轻易开窗，昨日上午情况不明。昨日下午再看，蛋已增至五枚。现发照片系今日上午10时所摄。

一天一枚，无间断，一共五枚。

老刘想，鸟会不会饿肚子？放了些面包试试，一转身，面包就消失了。又放了其他的食物，它们来者不拒。我提醒老刘："不要喂食吧，让它们自己适应在自然界中生存。"老刘的喂食停止。

阳台上的鸟巢和鸟蛋

阳台上的鸟巢和鸟蛋

颇有文字功底的老刘为了突然而来的邻居作《丙申季春有鸟筑巢窗檐下喜赋》：

翩翩锦翅巧依窗，
密密杂枝筑秀房。
静卧花丛春日暖，
愿君解语任飞翔。

多么美妙的文字，多么美好的心情啊！

鸟窝的出现，让老刘家增添了无穷欢乐。虽然老刘年事已高，但看到这么有活力的伙伴恋上自己的家，心中当然乐呵呵，手机、摄像机等一同派上用场，每天守候着，等待精彩而充满活力的时刻到来。这个到底是啥鸟？它们的成长历程会怎样？从此，文科出身的老刘开始用心记录，名为《依窗客简讯》。他在《依窗客简讯》中说道：

就让她安心一些吧！不要轻易打扰她。每次开窗，她就缓缓地飞到对面的树中，埋藏在枝叶中。当然也有进展，昨天下午（按：这是观察的第五天）两点半，她飞到对面六楼的阳台栏杆上。多时的等待，终于让我的镜头捕捉到了。于是，咔嚓、咔嚓……

昨天，终于看到两只鸟一起卧在窝中了。开窗后，一只飞到对面六楼，一只飞进对面的树叶中。

在对面六楼观望

哈哈！对城市生活的人来说，看到鸟窝中的世界是不太容易的。现在，终于验明正身，野鸟是乌鸫，上海地区常见的鸟种。

《依窗客简讯》继续播报：

> 挺宽敞的窝似乎还在扩大中。
>
> 坏消息——外出多日，回来发现鸟巢倾斜，两枚蛋摔在楼下雨篷上，已碎。还剩蛋三枚。
>
> 好消息——昨天下午鸟爹鸟妈不断飞来飞去，且停在晾衣杆上。
>
> 今早9:40，发现一个蛋已破，老大正在走向世界，立即录像。但估计其父母正在附近，不敢多打扰，关窗。

正破壳而出的乌鸫宝宝

这是5月12日上午，期待了半个月之久的第一只乌鸫宝宝终于破壳啦。小生命第一次看到外面的世界，或许精彩，或许无奈。

照片上三个蛋中间的那块红色的"肉"就是正在破壳而出的小鸟。为了挣脱蛋壳，小家伙还真是费了一番周折。"那个顶在头顶的蛋壳片为什么像帽子那样老缠着我！"

以下的记录，信息量更多：

5月13日上午10点，多云。鸟妈妈飞走，落到对面楼上。小鸟已经变成两只，挤在一起。一只抬头一次，一只未动。都在呼吸。粉红色。鸟巢很干净，也无碎蛋壳。

5月13日下午6点，阴。第三只小鸟已经破壳出来了。

生活仍在继续，《依窗客简讯》也在增添新的内容：

小鸟陆续破壳而出

2016年5月14日。今天拍到喂小鸟。鸟爸、鸟妈换班喂三个宝宝的镜头非常有趣。当三个宝宝都出壳后，竞争开始啦！谁的嘴张得最大，谁就最可能有吃的。

成鸟喂小鸟

| 5月15日照片 | 5月16日照片 |

2016 年 5 月 17 日

1. 三个小鸟长大啦，挤在一起，塞满了窝底。从粉红色到红色，再到现在的黑乎乎，只有五天。破壳时背上只有几根毛，现在多起来了。

2. 鸟爸、鸟妈胆子也大了许多，不再惊飞，而是缓飞。今晨我走到窗前，它们竟然还待了几秒钟才飞去。

3. 13 日、14 日、15 日、16 日都将摄像机架在窝旁长时间录像。或成功或不成功，但每次看都有新的惊喜。

4. 生活是平淡的，鸟儿也是如此，不是每个时刻都充满惊喜。今天 10 点拍到的照片就没有新鲜感。所幸还有一只抬了一下头，张了一下嘴，好像在说："早上好！你烦不烦啊，又惊扰我的好梦！"

2016 年 5 月 18 日

1. 孩子长大啦，房子嫌小啦，房价又涨啦，爹妈买不起，就凑合凑合，挤在一起吧！昨天早上，一堆黑肉团在窝里睡，没有任何惊喜。生活原本就是这么平淡无奇。

2. 鸟爹鸟妈飞行似有固定的路线。

5 月 18 日照片

2016 年 5 月 19 日

1. 生活是重复的吗？当然，但不是简单的重复。

2. 提个问题请你思考：鸟窝为什么那么干净？答案将出乎你的意料。

5 月 19 日照片

成鸟喂小鸟

说真的，虽然早有思想准备，但没想到竟然长得那么快！

2016 年 5 月 20 日

1. 今天的照片几乎与昨天一样。

2. 鸟儿的窝为什么那么干净？神奇的答案是：当鸟儿要排泄时，鸟妈直接从孩子的肛门处把排泄物叼走。母子配合之密切、准确，令人称奇。两次拍下了这些镜头，三个人反复观看，得出同样的结论。

成鸟将小鸟的排泄物叼走

我回复老刘：说实在的，我们对鸟的习性都不甚了解，期待观察中有新的发现。但有一点要注意哦，眼见不一定为实。为什么呢？因为我们的肉眼实在是太不靠谱啦。鸟的亲子配合去除排泄物是很正常的现象，这样窝才能干净呀。不过，由于没有跟踪，究竟是吃下去还是含着抛弃，尚不敢定论。由于鸟的直肠极短，所以一般很难长时间储存粪便。我估计有可能是亲鸟用喙刺激泄殖腔，对幼鸟造成刺激而促使其排便。当然，由于速度非常快，说不定要用高速摄影机才可能捕捉到。最好有高清视频，然后一帧一帧回放。但这也太难为古稀之年的老刘了！

乌鸫一家成功在老刘家安营扎寨，同时，它们的故事也牵动着众多朋友的心。

小乌鸫们慢慢长大，但说实在的，大部分的内容就是吃、睡、拉，天天跟踪会感觉有些乏味。快10天过去了，它们一家又发生了哪些惊天动地的事情？《依窗客简讯》在继续。

幼鸟羽翼渐丰

2016 年 5 月 23 日

1. 5 月 23 日，上午晴，下午多云。小鸟继续长大，我一开窗，它们就张嘴等待喂食。

2. 鸟的爸妈胆子越来越大，我站在窗口，它们敢飞到我的晾衣服杆上，嘴中叼的虫子都看得清清楚楚，长时间地不肯飞去。今天录下了两只鸟同时停在对面楼上的视频，有趣。从开始的我走近窗口就飞走，到我开窗后它才飞走，看来比过去友好许多了。

3. 每次录像都有收获，但漫长的等待消耗的时间更多。

4. 新疆兵团的高先生问："鸟窝结实吗？"回答是："从鸟的角度看，应该是结实的。"但试着掂了一下，很轻，恐怕稍微撞击一下就会粉身碎骨。

5. 诸位对排泄物的处理问题很感兴趣，留待下次再谈。

6. 有人问："为什么只发照片不发录像？"回答是："录像太长，发不出去。"

7. 尹女士告知了鸟儿排泄物的处理问题,并说现在有 360 人关注着这个鸟儿的家庭。感谢!

中午,鸟妈妈在晾衣架上等着我离开。

2016 年 5 月 25 日

1. 5 月 25 日,晴日临窗。三只小鸟挤在窝中,似乎懂得害怕了,将镜头靠近他们,不再是仰头喳喳等待喂食,而是缩成一团。

2. 近日开窗看鸟时,鸟的爸妈常在附近飞来飞去,甚至停在距离不到两米的晾衣服杆上。还能拍到他们衔着食物,等待我的离开。

3. 昨天下午 5 点,正在鸟窝旁摆放摄像机,忽然耳边呼的一响,一只鸟儿瞬间远去。这不是亲热的抚摸,是愤怒的攻击!摸摸耳朵,似乎还有一点湿。今天 9 点,又重复了一次,距离没有昨天近,好像在说:"走开!别靠近我的宝宝。走开!"它站在对面的栏杆上,大概是怒目以对吧。

4. 昨天下午,看着一只鸟儿从窝中起飞,嘴里叼着一团白色的东西,飞到对楼的栏杆上吞下去了。

5. 11 点,鸟儿对我发起攻击,距离多少不清,但鸟粪从头到胳膊,再到手。我洗手后留下几张照片,以便"对簿公堂"……唉!弱小动物看到强大的"敌人"时,只有这个武器了,哪怕是假想的敌人。

不过，这也证明，虽说鸟类难以储存粪便（实际上鸟类是粪尿合一的），但也并非一点不能储存，它们会集中那么一点点的粪便在关键时候放出。可怜的老刘啊！

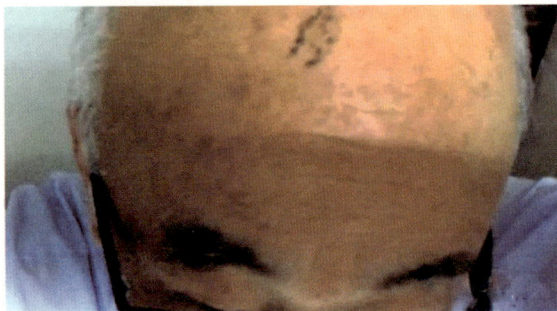

老刘遭鸟粪袭击

2016 年 5 月 27 日

1. 星期五，大雨。鸟巢安然无恙。

2. 小鸟在长大，一天一个样。不再一有动静就仰头，喳喳叫着乞食。但凡仰头乞食，就是大鸟已经在附近了。

3. 从 23 日开始，看到小鸟振翅到张翼已经四天。曾经有一次看到一只小鸟站到窝的边上。

4. 目前是我与鸟的攻防战。见到大鸟的次数越来越多，已多次见到两只同时站在对面楼的楼角、晾衣架等处对我"虎视眈眈"。我们的对视有时会达五六分钟之久，因此也就给了我摄影的机会。

对我的攻击阵地是窗东五米左右的晾衣架。攻击时间都是我低头摆设摄像机时。攻击进行了四次。大前天一次,前天两次,都成功了。昨天一次,正是我抬头时,它迅速改变方向落到对面楼上。我现在处于被动挨打的局面,每次在架设摄像机时都提心吊胆,生怕遭到"核弹"袭击。

老刘啊,换位想想吧,乌鸫爸妈看到宝宝在一个巨人的眼皮底下,它们能不担心吗……它们的头脑简单,学习能力不强,只能按照老祖宗传下来的固有生活模式生存。

2016 年 5 月 28 日

上午 10 点,大雨。鸟窝有鸟三只。12 点录像,只有两只小鸟,也就是飞走了一只。生蛋到今天,32 天。出壳到今天,17 天。

2016 年 5 月 29 日

1. 5 月 29 日,星期日,雨。

2. 今天 10 点,两只小鸟站在窝的外面,估计今天上午或下午也要远走高飞了。

3. 鸟妈、鸟爸依然在对面虎视眈眈。昨日又袭击本人一次,未成。但本人亦如"惊弓之鸟",不时抬头巡视,以防"佛头着粪,臂上沾屎"。

4. 昨晚一直录像到暮色遮盖鸟巢，也未见那只远去的孩子归来。

5. 鸟爸、鸟妈恪尽职守，还是忙忙碌碌喂食、清扫、守卫。且双栖双飞，可谓模范夫妻。

6. 鸟窝内不如过去干净。鸟窝外也遍布鸟粪。

7. 已有数十小时录像以待鉴定。

8. 今天 11 点过后又走了一只。晚 7 点，只剩下一只，孤零零的，很可怜。

以下是一张今晨的照片。

乌鸫宝宝已经不愿待在窝内

乌鸫宝宝已经不愿意待在小小的窝里了，它们马上就要展翅高飞了。其实它们并不可怜，它们将见到更广阔的天空，外面的世界更精彩！不过，据观察,那些萌哒哒的幼鸟还是需要亲鸟照顾的。它们会在树枝上极吵嚷地叫唤,亲鸟们照样会喂食一段时间。而且这个时候,它们的飞行能力不强,稍有不慎就会掉下来。不过,只要周围没有野猫等,它们还是有生路的。爱鸟人士千万别去捡哦。捡回家的话,即使养活了,它们也是会孤独到死亡,再也难以重回大自然。而在野地里,它们的父母还是会找到它们,呵护它们一路前行的。

出巢的乌鸫宝宝仍有爸妈喂

阳台上的迷你花园

孙 音

　　好几年前，曾经风靡的一款网络游戏，叫做"开心农场"，每一个游戏者在虚拟的世外桃源勤劳地耕作着属于自己的一亩三分地，播种、发芽、开花、结果，乐此不疲。而现实生活中，在钢筋水泥的丛林中，工作压力增大，大家越来越渴望返璞归真，亲近自然，养花、种草早已不是退休生活的组成，越来越多的年轻人喜欢在居住的房前屋后开辟一个属于自己的迷你花园。

这是一楼自带的户外院子，原本杂草丛生，经过主人的精心布置，用防腐木代替了冷冰冰的瓷砖，营造出别具一格的田园风。

迷你小花园

院子的角落里随处可见一盆盆用心呵护、生机勃勃的绿植。

黄金佛甲草

猫尾红

铁线莲

　　住在电梯房的人们，想要一个私家院子的愿望无法实现。阳台地方太小，装不上假山，种不了大片花草，但是打造一个迷你小花园却也别有一番情趣。封闭的阳台靠墙放置一阶梯网格植物爬藤花架，种植的蓝雪花等攀爬植物就顺着花架一路爬上去，开出星星点点的蓝色小花，是不是感觉非常浪漫？

　　多肉叶子肥厚多汁，因高颜值成为年轻人的新宠。一片叶子就能长出一棵多肉，分分钟让阳台变花园。阳台上留出一张简洁的桌子，堆满了各种萌嘟嘟的肉肉，实在是很惬意。

阳台一角　　　　　　　　　　　　阳台上的多肉

　　阳台若是不够大，不妨放眼窗外。小空间，大创意。

　　窗户下方有一个尺寸为 200 cm×18 cm×30 cm 的凹槽，原本是鸡肋，却因填满土，种上绣球花、杜鹃花、三角梅等，花团锦簇，形成一个天然的大花盆，成为窗口一道亮丽的风景线。

窗台上的风景

除了充分利用建筑外立面的结构外,我们还可以添加辅助设备——护栏悬挂式花架。

花架上的多肉

考虑到植物度夏时需要适当的遮荫,如果每天把花盆搬进搬出,非常麻烦,动动手改造一个遮阳防雨棚,所有的问题就全解决了。

遮雨棚

最有趣的事是变废为宝。让饮料瓶子或玻璃器皿成为水培植物的容器，插上绿萝、铜钱草、吊兰、迷你龟背竹等，用绳子拴好，悬挂于阳台外的护栏上或室内的天花板上，把阳台的边角料全部利用上。

创意阳台

"无限创意＋万能淘宝＝美好生活"。原来只是晾晒衣被的阳台，被装扮成一处天然的环保绿色氧吧。泡一杯清茶，慵懒地躺在摇椅上，微闭双眼，让阳光穿过绿植倾泻下来，在鸟语花香的日子，忙碌的自己还有诗和远方。

　　人类的住房从第一代茅草房、第二代砖瓦房演变成第三代电梯房,虽然实现了居住条件的跨越,但有限的空间却制约了人和自然的和谐相处。不久的将来,第四代的庭院式住房会让城市变成森林和花园,楼宇外围绿树成荫,每一户人家都可能拥有属于自己的花园,实现人类回归自然的梦想。

阳台养兰的生态管理
——控水

徐红玲

　　兰花在中国久负盛名,有花中君子的美誉,约有 2 000 多年的栽培历史。兰花具有令人难以捉摸的阵阵幽香,伴随着端庄花容、素雅风姿,体现了东方特有的温馨和淡雅宜人的格韵。而在无花之时,它那刚柔相济、疏密有致的叶丛,四季常青,临风摇曳,又是竭尽风姿神韵。兰花自古以来就深受人们的喜爱,也成为古今文人描写的对象。

1. (春秋)孔子《家语》:"不以为人而不芳,不因清寒而萎琐。气若兰兮而不改,心若兰兮终不移。"

2. (晋)陶渊明《饮酒·十七》:"幽兰生前庭,含薰待清风。清风突然至,别见萧艾中。"

3. 朱德《咏兰》:"幽兰吐秀乔林下,纵使无人见欣赏,依然得地自含芳。"

4. 陈毅《兰》:"幽兰在山谷,本自无人识;只为馨香重,求者遍山隅。"

5. 清代文学家、书画家郑板桥笔下的兰花。

我与兰花结缘于十多年前。叔叔家养着数盆兰草,只见色泽翠绿的线性叶片自由舒展,整个株型亭亭玉立、婀娜多姿、临风摇曳,美不胜收。2016年1月,同事送来一盆带有两杆花剑的墨兰——企剑白墨,爱不释手,从此开始养兰。引进的品种大约有 80 多种,除了送出的 20 余种,现种养约有 60种。在兰友群中我属于新手中的新手,由于身边资深兰友的鼎力相助,这一年多来,使我在种兰的道路上一帆风顺。我最得意的兰花有:株型婀娜、花色妩媚的贵妃醉酒;端庄秀丽的荷之冠;大富贵;雄壮伟岸的朱砂兰;性感动人的心心相印;超凡脱俗的白凤;星浦望月冠等等铭品。

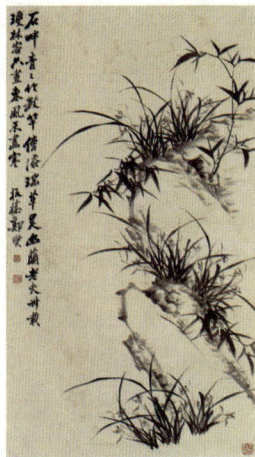

郑板桥笔下的兰花

莲瓣兰——荷之冠

春剑——朱砂兰

莲瓣兰——心心相印

春兰——大富贵

墨兰——星浦望月冠

墨兰——白凤

浇水的具体做法：

1. 如果是塑料盆，可以看中间的孔。如果靠近中部的孔植料都干了，就说明可以浇水；底部孔干了，说明浇水晚了。

2. 看盆底。这是网上一位种养高手告诉我的。盆底渐干，可以浇水。这个需要极高的悟性，我还在慢慢体会。

3. 拎分量。这个对养兰数量较少的兰友适用。可以在想要浇水时拎拎盆的重量，发现分量轻了，就可以浇水。不过，这点也需要经验的积累，不断地观察。这个方法还有个好处，就是可以发现有问题的兰株。如果大部分的兰株都在几天内干透，而有几盆则还是出现盆重不需浇水的现象，那么就应该对这些兰株特别注意了，需要检查是否有软腐现象或者其他问题。

阳台普遍干燥，温差小，光线弱，通风差，改造阳台环境以利于兰花种植，是养兰的前提。做兰架，加风扇通风，做接水盘，白天升温，夜间降温，达到 8 到 10 度的温差，白天湿度小，夜间湿度大，保证兰花的健康生长。片面追求自然种养是一种病态植兰方式。叶片健康生长、发苗率高的种养绝对优于自然种养。所谓自然种养实际就是摧残兰花。

办公室里的兰花　　　　家中阳台上的兰花

绝大多数刚开始养兰的朋友都怕兰花干死，盆面一干就浇水，或经常向兰叶喷水，还有的把兰盆底部浸在有水的托盘内，这样会使盆内长时间过湿，影响根的呼吸，使根坏死、焦根尖，有时形成"水培根"状，起盆一干根便空，移栽不易伏盆；也容易使有害细菌快速繁殖，兰花得病；有的兰花看上去苗满满一盆，就是不开花等等，这都是由于浇水太勤引起的种种毛病。我也不例外，为此真交了不少学费呢。看看下面的照片，这是我一年来养腐的兰草。

蕙兰——新极品（茎腐）

春兰——宋梅（根腐）

春兰——龙字（苗腐）

阳台养兰控水

兰花在一年的生长过程中,多数时间需水量是不多的,如果能做到耐得住盆内干,浇水也就基本过关了。要做到盆内干,就要给兰花控水。控水就是控制给兰花给水,也称为扣水。但在兰花生长的过程中,不是长期控水的,该湿时还是要湿,该控水时就得控水。大致来说,在下面几个时段需控水:

1. 兰花开花期。要开出好的开品,除了养好、养壮兰草外,还要掌握好开花时期的控水。在兰花花葶伸长、花蕊要脱苞衣时,给兰花浇一次透水,此后一直到花剪掉后几天都不用浇水,这样开的花越开越精神,葶挺瓣正,花瓣不易后翻和扭曲,外瓣伸长,副瓣的久开落肩得到控制,捧开天窗和舌的后卷程度也会减少,花期长。

2. 新苗生长期。兰花在发芽阶段要保持盆内湿润偏湿,为的是让新芽顺利出来和多发芽。但到了新苗出盆开口后,要逐步进行控水,由偏湿转成以润为主,可以采取小水、大水、空盆间隔的方式来控水。小水就是浇水时盆底一出水就停浇。大水是上边浇,盆底漏,浇透彻,也可来回多浇几次。空盆就是短时间的控水,使盆内达到较干的程度。视盆土的湿润情况,可大水—小水—小水—空盆—大水—小水……交替进行。小水可连续,大水不要连续,空盆又在大水的前面。通过这样半控水,促使新苗长根,让它自食其力,增加新苗芦头的发育,为新苗壮大打下基础。江南的新苗生长期间有一个梅雨季节,通过半控水,可使新苗发生茎腐和软腐以及其他病害的概率大大降低。当梅雨结束,农历夏至过后,多数新苗长到半大,天气逐渐炎热,控水程度逐渐加大。干可以耐得住环境的热,兰花在较干的时候,可以经历35℃甚至更高的高温。高温时如太湿又不通风,各种问题会接连而来,要避免在高温时浇水,盆内由湿转润的时段也要在温度较低的时候度过,所以兰友把夏季浇水都安排在晚上温度较低时进行,等第二天温度升高时盆内也不太湿了。通过我的观察,兰花在32℃的温度下,仍能快速生长,所以高温

建兰——大唐宫粉（2017 年 3 月）

并不怕，关键是做到控水和通风，二者同等重要。如有空调等降温设施的兰友，可以实行半控水，一个夏季，就会有第二代新苗出来。大唐宫粉属于建兰的铭品，一位兰友 2017 年 1 月赠送我一苗老草共两片叶，3 月就开始发芽，6 月已经长成了十几厘米的开口大芽啦，看看它那质地如玉石般美丽的花儿，是不是很美？照片中的花儿是该老草在 7 月的开品。老草捂新芽最讲究的就是水分的控制，水大则烂草，水小则不长芽。

建兰——大唐宫粉（2017 年 6 月）

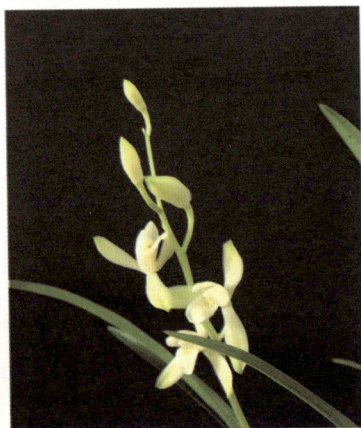

建兰——大唐宫粉

3. 促花。从新芽开口开始逐步控水，春兰就会有第一批的花苞出来。

较早的花苞出现在 4 月,这很正常。有时花苞从形成到开花历时近一年,后期管理得当,完全可以正常开花。但大部分的春兰花苞在 8 月以后形成,也就是要到立秋以后。因立秋以后气温还高,但空气开始干燥,不去控水,盆内也会形成如同控水般的效果。如果刻意控水,可使兰花多起花苞。促花控水又不同于一般性的控水,如一棵兰花不易起花,要控水得很干,使兰花有"危机感",浇以小水后再控水,这样多次,方有满意效果。不要怕兰花会干死,但弱小的苗、病苗另当别论。蕙兰要起花,绝大多数通过控水,效果较好。夏秋之交,新苗虽已大,但叶还嫩,加上"秋老虎",气温尚高,兰叶容易发生黑斑病,通过控水也能控制黑斑病的发生,促花和防病一举两得。下面是我种养的兰花中开品较好的品种:

莲瓣兰——大雪素　　蕙兰——端蕙梅　　莲瓣兰——点苍梅　　建兰——市长红

君荷是我引种的第一个品种,由于经验不足,浇水太多,花瓣不够舒展,影响兰花的开品。

4. 冬季。冬季控水主要是因为兰花在冬季生长缓慢,需水量很少,控水可防止因盆内较湿,低温时发生冻害结冰。

建兰——君荷

看看我种养的兰花开品：

建兰——红一品　　　　建兰——一门三父子　　　　杂交兰——黄金小神童

春剑——奥迪牡丹

春兰——虎蕊

蕙兰——外蝶绿蕙

墨兰——金华山（金嘴）　　　　墨兰——企剑白墨　　　　蕙兰——庆华梅

蕙兰——金奥素　　　　豆瓣兰——大学士　　　　春兰——汪字

兰花——插花

　　当你忙完事务、心寂脑空时，或者想抒怀情绪时，暂时找不到对象，就把兰草当作你的倾诉对象吧，你那紧绷的神经便会得到放松。人生的乐趣就如欧阳修老前辈所言："醉翁之意不在酒，在乎山水之间也。"温馨、素洁、高雅的幽兰能让你有一种回归自然的亲切感，一切烦恼都会被抛之于身外，人生的最高境界不过如此吧。

　　我种养兰花这一路走的算是顺利，这得益于正能量的资深兰友的帮助，十分感谢！

我 家 的 浓 情 绿 意

计顺娟

正如人们所说,家是一个温馨的港湾,是一阵清风,更是那一缕情丝,穿透着人生的每一个角落……家是宁静的,家是温暖的,家是甜蜜的,家也是安定的。她可能不华丽,但需要环保抑或雅致。那点点滴滴的幸福,实实在在的欢乐,时刻都可以把她装扮得暖意融融。她可能不富裕,但一定要洋溢着爱和情。

感谢大自然让我拥有这样一个充满浓情绿意的家。北面车库地面上长出了许多苔藓植物——地钱，说明空气不错，起码没有太多有毒物质的污染。进门楼梯口放置耐荫的滴水观音，它的叶片会适应性地扩大其面积，以吸收有限的光线，进行光合作用，维持生命。肾蕨和鸭掌木也是较为耐阴的植物。幸福树放于大厅，它需水量大，经常要浇水，且要通风。女儿结婚的日子里，它居然开花了！真是一桩巧事加喜事。榕树和棕竹放在向阳处，一起净化室内空气，其生态效应很大。家，就该是心旷神怡、琴瑟和鸣的温馨港湾。

最让人感动的是这些绿色生灵以其生命中的精彩和美丽回报于你，带给我们全家无限快乐。

形态各异的仙人球，以其绚丽华姿，瞬间绽放。

各种仙人球

用心雕刻的水仙,亭亭玉立,美丽动人。幼叶要削去 1/3,还要充足的光照,才会卷曲、优美。加温水还可提早开花。花梗在生长过程中也要微雕,促使其按你所需的方向生长。

水仙花

春天里来好风光,杜鹃花尽情怒放。它可是喜欢湿润的,并且娇贵。房间里也可谓春花烂漫!

同样娇贵,但不喜欢湿润的是君子兰。有一年这盆君子兰居然开了三朵花。

杜鹃花

君子兰

相对比较好养的是它，朱顶红。其花也艳，年年争相开放。

朱顶红

千年木居然也开花，硕大的花序开满了黄色的小花。由于花序上会不断地滴落有黏性的汁液，就搬到阳台上了。

千年木

藤本三七也不落后,小花序上的白色小花朵煞是好看。院子里的木樨花,年年农历八月飘香,沁人心扉,令人陶醉。这可是我的最爱。

藤本三七和木樨

绿色盆栽植物回报给我们更多的是其营养器官的无穷价值。它们能通过叶片的光合作用吸收二氧化碳,释放氧气;通过叶片的蒸腾作用,增加空气的含水量,保水降温,调节室内小气候;整个植株能吸收室内有毒、有害气体,从很大程度上消除室内装潢带来的空气污染;叶片能吸滞灰尘,还能分泌杀菌素,减少室内空气的含菌量,起到净化空气的作用。我的观点是,家里能放置绿色植物之处就尽情培养和繁殖,多多益善。以下是生活在我家中各处的绿色生命。有龟背竹、金枝玉叶、蟹爪兰、龙角芦荟和令箭荷花。花架上有文竹、玉树、仙人球、虎尾兰、十二卷等。北阳台上的鸭掌木、龙角芦荟和微型椰子、铁线菊和绿萝,相得益彰。最能"吸毒"的有吊兰和绿萝。天南星科的花叶万年青也可以水培。紫葳科菜豆树属的幸福树同样适合摆放在房间里。它是南方植物,冬天一定不能搬到室外。春夏放在阳台上被昆虫咬食过的吊兰,放在千年木的盆里,上下层各自进行光合作用,互不干扰,可以节省空间。小小的盆栽植物,如果其叶面积加起来能达到一棵树的量,那么其生态效应是很大的。

各种盆花

印度加尔各答农业大学的一位教授对一棵树算了两笔不同的账:一棵正常生长 50 年的树,按市场上的木材价值计算,那么最多值 300 美元,但是如果按照它的生态效益来计算,其价值就远不止这些了。据粗略测算,一棵生长50年的树,每年可以生产出价值31 250美元的氧气和价值2 500美元的蛋白质,同时可以减轻大气污染(价值62 500美元),涵养水源(价值31 250美元),还可以为鸟类及其他动物提供栖息环境(价值31 250美元),等等。将这些价值综合在一起,一棵树的价值就不是300美元了,而是20万美元了。虽然家里的绿植没有树木的生态效益大,但生态效应还是相似的。据研究,天南星科雪芋属的金钱树和仙人掌科三角柱属的火龙果,以及龙舌兰科的千年木,其叶片和根部能吸收二甲苯、甲醛等有毒物质并将其进行分解。家中也需要美观、点缀,这是绿植的观赏价值。

不同造型的盆栽

　　室内的盆栽有时需要到露台上享受阳光和雨露，以纠正室内带给它们的毒害和缺失。阳光能增强光合作用，能使机械组织发达，茎和叶健壮有力，还能消毒杀菌，防止疾病。雨露能补充矿物质，促进植物生长生育。流通的室外空气有利于植物的气体交换，使其生命活动如呼吸作用、蒸腾作用等的正常开展，同样有利于植物的生长。

　　养花、养绿过程中学会培土、分盆、繁殖、日常浇水、施肥和整枝修剪等日常养护工作是必需的。分盆时的新发现，肾蕨居然有马铃薯般的块茎！而且还有芽眼，能长出幼体来！要知道，它可是蕨类植物。还发现虎尾兰的叶可直接扦插繁殖，可不用花钱去买。看，这是从叶基部长出的不定根。

室外养护

肾蕨的块茎和虎尾兰的不定根

对生命的爱和敬畏,需要从日常点点的小事去做。我的办公室时常会成为学校图书馆等部门装修后被丢弃的绿色生命的新家,我和学生们会善

盆花救护和光合作用探究

待它们，使它们再度生机勃勃。能够带动一批人一起去享受绿色生命带给我们的浓情绿意是多么令人愉悦的一件事啊！但愿绿色生命时刻相伴你我左右，让世界更美好。

都市里的田园生活

景小军

我家住在六楼，每天爬楼梯很累。但如果当成锻炼身体，那反而变成好事了，每天可以强迫自己锻炼。所以，凡事我们都尽量往积极的地方想，那样就会活得开心快乐了。我们楼上有一个露天的平台，但是要上去必须有梯子，我在阁楼上开了一个可以进出的窗户，于是，这块露天的平台就成了我的蔬菜地。下面就和大家分享一下我在露台上种花草和瓜果蔬菜的图片。

生机勃勃的露台

花还未落,黄瓜已初具雏形

慢慢长大

又发现一个

哇,这儿还有两个

看着自己种的瓜一天天长大,心里真开心啊,而且瓜的味道真的很好,又脆又嫩,非常解渴。

下图里面有空心菜、小青菜、苋菜。空心菜吃都吃不完,只要水有保证,几天就长满了。

苋菜、空心菜、小青菜等

下图中间的是辣椒。

中间的是辣椒

下面两张图中的辣椒结果了，是朝天椒，还没吃过，不知味道怎么样。

刚刚猜对了吗？朝天椒哦

朝天椒特写，"朝天"特征显著，果然名副其实

辣椒开始慢慢变红了。

随着时间的推移，朝天椒的颜色开始发生变化

辣椒变红啦！万绿丛中一点红，很漂亮。

终于变红啦

结了好几十个辣椒,看样子今年要丰收。

硕果累累的枝头

夏天太热,我在露台上搭了一个黑色的遮阳网,这些植物就不会被晒死了。边上的铁树,在拳头大小时被我移植过来,现在已经这么大了,看着真开心。

给露台植物搭了一个遮蔽烈日的网

我种的这些蔬菜都是不用农药的，所以有时候会有虫子，但是只要手工捉一下，就可以解决。

空心菜上的小虫子

看到这个叶子没有，打开会怎么样呢？原来里面藏着虫子呢。这些虫子藏得真隐蔽。这保护色，怎么样，不注意看不出来吧！

这里有情况

果然里面藏了一个小虫子

又来一只

正是这些虫粪暴露了它们的行踪。

虫子的粪便

别看地方不大,蛞蝓和蜗牛也会光临这片蔬菜地。

蛞蝓

每天晚上,泡杯茶,躺在躺椅上,听着虫鸣,吹着晚风,真的很惬意。

露台全景

某次吃完哈密瓜后，把洗瓜的水、瓜皮和种子一起浇到楼上露台的泡沫箱里，没想到经过盛夏的洗礼，居然开花结果了，在上海长出了哈密瓜！

意外收获

为了防止哈密瓜掉下来，我找了一个网兜系在杆子上兜住哈密瓜。

终于等到了收获的季节。我这个自产的哈密瓜个头并不算大，但是却满怀期待。

加固

外表特写

切开来，映入眼帘的是诱人的果肉和饱满的种子。

内部特写

半个哈密瓜切了满满一盘，尝了一口，颇感意外，香！脆！甜！这是我吃过的最好吃的哈密瓜。

吃完后的种子，我收藏了起来，期待来年再次给我带来惊喜！

美味的诱惑　　　　　　　　　　　收藏希望

小院子里的生灵

计顺娟

　　有一种美，叫做家有小院子。我家的院子很小，但生态环境不错，常住的和路过的小生灵着实不少。

　　首先是这些绿色生灵，不但让我们全家一年四季都享受着新鲜和美味的蔬果，还养活了好多其他小生灵。桂花树旁的苔藓植物和甘蔗，给小动物营造了良好的生长环境。茄子和蕹菜，成为许多昆虫的美味。甜椒的果实和叶会有昆虫幼虫食用。西红柿是鸟类的最爱，尤其是白头鹎。扁豆的荚果里往往会有蝶的幼虫，它们在其中啃食甜美的种子。我从来不使用农药和化肥，只施点自己发酵的厨余垃圾有机肥，顺其自然，观享其果。小豌豆居然大丰收！最多的一个荚果里长了9粒种子！好开心。金铃子也是大丰收，黄澄澄的果实挂满藤上，每天都来不及采摘。同样丰收的还有土豆、黄瓜、芹菜、大蒜、萝卜、胡萝卜和胡葱等。香菜不但好吃，其繁殖期的伞形花序顶生，煞是好看。

小院子的四季

　　隔壁院子因为没人住一直空闲着,我有天发现在用来放有机垃圾的地方长出了番木瓜。好奇怪,这不是在南方地带生长的水果树么,居然能在上海西郊生长发芽,而且是好几棵长在一起。分析原因,很可能是我从水果店要来的腐坏水果中有番木瓜,其中的种子在温暖多雨的春天萌发成长了。我一直关注着它们。到夏天居然长得很大。不幸的是,物业人员在不知情的情况下,把他们当作杂草给铲除了,所以没能观察到它们能否熬过寒冬。然而,令人惊奇的是,今年春天又在相同的地方长出了两棵番木瓜(我告知了物业人员,他们没去动它们),并且在秋天开花了!期望能结果。绝望的是院子主人来装修,一并铲除了,没看到果实!

番木瓜

　　小院子成了小动物们的乐园,有瓢虫、蚂蚁、鼠妇、蚰蜒、马陆、蚜虫等等。瞧,这一对蚱蜢,吃饱了,还不忘记种族繁衍的重任。当然,隔壁还有邻居小蜜蜂呢,可厉害了,就不用怕螳螂了。米苋则成了蟋蟀和蝈蝈的美餐。围栏上来了个大家伙——蓝目天蛾,是从河边的柳树上飞过来玩的吧。因

小院子里的昆虫

蓝目天蛾

为它又称柳天蛾,其幼虫取食柳。有时可在梅、桃上发现。我抓它,它遇险了,使劲展开那一对后翅上的大眼斑想吓退我呢!我把它放到了河边的柳树上。泥土里还有许多蝼蛄,每次翻土都会发现。

令人激动的是,隔壁院子因为没有人住,居然有难得见到的两栖类物种——饰纹姬蛙。头尖腹圆,皮肤光滑,背部有两个深棕色"八字"形斑。它已是成蛙,仅大拇指第一节那么大,是上海地区最小的蛙,可它跳起来却很快,没几下就不见了。此外,还有泽蛙也来过小院子做客。

饰纹姬蛙和泽蛙

过路客有天牛、黄鼬和各种鸟类。这些鸟类有珠颈斑鸠、黄腰柳莺、北红尾鸲、远东山雀、树鹨、白鹡鸰、金翅雀、麻雀、八哥、夜鹭、白鹭、喜鹊等等。瞧,橘褐天牛从小院子飞到二楼阳台上来了,小区里有好多柑橘类植物可供其食用。

一对珠颈斑鸠前来光顾。据我长期观察,它们会发出三种叫声,分别是咕-咕-咕,咕-咕-咕-咕和咕-咕,叫时颈部会有一处明显鼓起来。而当发出咕-咕两声叫声时,它们会点头哈腰,很是有趣。白头鹎则是常客,长豇豆和西红柿是给它们种的。它们还来桂花树上作巢、孵卵。棕背伯劳总在高处窥视，观望是否有机会得手。普通翠鸟也来居住过。小院子东边 50 米就是宽大的湖面，在那里，我曾经用望远镜看到过翠鸟悬停空中，直扑水中捕食的过程，这种振翅频率和俯冲速度需要多快的心率啊，它们真是天空的精灵！可惜流浪猫是它们的杀手。

橘褐天牛和珠颈斑鸠

普通翠鸟的残留羽毛

蚯蚓是大家再熟悉不过的环节动物代表了，它们在小院子里代代繁衍，数量极多。因为我一直把蔬菜、瓜果等有机肥料填埋入土，于是就成了蚯蚓的美食，它的种群在此小生态环境中呈 J 形曲线增长。每次下中等以上的大雨，它们当中的一小部分由于雨水浸没洞穴就会四处逃窜，不幸死亡。有一次，我居然发现，用来承积雨水的水桶里掉落了不幸遇难的蚯蚓。因为水较深，手够不到，就没去救它们。过几天水用完了，发现桶底的蚯蚓身体不是死亡后直挺挺的状态，而是卷曲着的，一碰它，竟然是活着的，还在动！难不成它们能厌氧呼吸？要不然怎么能在水里活几天？我赶紧把它们倒出来，并放回小院子的土里，它温暖的家园。

误入水中的蚯蚓

小院子里蚯蚓这个种群的数量不仅受天气的影响，还有天敌的影响，如鸟类，当然还有人类。甚至还有水蛭会吸食它的血液。本是同根生，相煎何太急啊！这是我亲眼所见，原本是不知道的。

菜粉蝶惊人的繁殖力使它代代繁盛。春天，院子里洒了青菜种子，绿油油一片，长得可好了。"鸡毛菜能吃了。"女儿说。但没等我们吃，菜叶却开始残缺，几只菜粉蝶在上面飞舞，其天然的保护色使我们很难发现幼小的虫体。一周后残缺更甚，虫体长大，但也需蹲下身子，才能发现，2～3 棵菜苗上总能找到一条。下一周，菜苗几近光杆！扫荡完毕，虫体匍匐着开始入侵卷心菜。去年秋天种的卷心菜已然翻卷成功，4月份，眼看着能吃上美味了，不料它们全面进攻，不管怎么抓也抓不完。它们会层层深入，直达菜心，隐蔽躲藏，连体色都会由青绿色跟着变成菜心的黄绿色，让你无法发现，直到菜心千疮百孔，惨不忍睹。女儿说："让它们吃吧。"是啊，给它们享受美味吧。但愿凭借独特的适应能力，它们能在世间永存，为美好自然添彩。

水蛭吸食蚯蚓血

尺蠖，原本以为它们很可爱，走起路来一拱一拱的，小朋友看了超级喜欢。谁知它们也是害虫，好端端放在花园里的一盆石榴苗（吃水果留下的种子，连果皮倒在院子里当肥料，经常会长出各种苗来，于是就栽培到花盆里了）被尺蠖们一扫而光！不过每天去看它们运动和取食也是一件乐事。直到它们吃完所有的叶子，突然有一天全部不知去向，估计一拱一拱地各奔东西另觅美味去了。或许是没有绿叶保护，赤裸裸的暴露着身子，被天敌发现后把它们一扫而光了。虽然它们的体色和枝条相似，但这种保护色有时也可能失败吧！几天后，我在拔回来的芹菜上看到了一条尺蠖，原来它们求生的本领还是挺大的。

春天时播种几粒去年留下的丝瓜种子，出土后留下四到五棵苗。在此之前，预先深深埋入一堆发酵的有机垃圾，到了夏天，厨余有机垃圾已然成为有机肥料。丝瓜的攀缘茎苗壮成长，凭借着充满韧性的卷须，顺着围栏蔓延生长，爬满开来。绿叶、花朵和果实挂满枝头，也算是一道风景。每年我都发现，在我们全家享受新鲜的同时，也养活了成群的小蚂蚁。它们比一般

菜青虫

的蚂蚁小好多,体色偏黄,从丝瓜幼苗期,就开始吃丝瓜的叶片,丝瓜叶上满是小孔。开始我以为是其他昆虫咬食的,但并没有发现蚜虫之类的小生命,叶片上面只有黑黄色的小蚂蚁。因此,每年我都多留几棵苗,预备让它们吃掉。果然,有几棵丝瓜苗不能正常生长,但对于长得快的影响不大。叶片不断长出来,小蚂蚁们来不及啃食,丝瓜就赢了,疯狂地爬向远方。夏天到来,花朵开放,小蚂蚁们的食物更丰富了。丝瓜叶片很大,尽管有小孔,但照样结实,一条条瓜果挂满枝头,我们全家和小蚂蚁们各享其食,两不耽误,美事一桩!生活多美好!

白胸苦恶鸟也会前来光顾我家的小院子,被我从地下室悄悄地用手机记录下了这难得一见的情景!

在小院子里还经常能听到从边上湖面传来的白胸苦恶鸟的叫声,特别

是在夏天的夜晚，这苦哇、苦哇的叫声尤为奇特，为静谧的夜添上了无限
生机。

白胸苦恶鸟

　　家里的这个小院子，虽然没有花大价钱请人精心地设计，但我也以小环
境的舒适性为原则，做了布局，在有限的空间创造出了符合我们和前来安家
或过路的小生灵们需求的环境。树木和蔬菜种植相结合，充分利用植物的
多样性，达到一年常绿、四季有花的效果。以少的投入，获得最佳效果，特别
是给紧张工作之余的全家人以放松，通过视、听、嗅等感官从小院子中获得
被动式感觉，如浇水剪菜时享受阳光的照射、清新的空气、花草的芬芳等，种
植时感受劳动的舒适和放松，观赏蔬果树木的自然美，欣赏各种小生灵的特
异身姿和动作，倾听小生灵的鸣叫，同时享受丰收时的喜悦，度过惬意的美
好时光。让美好环境从手中创造出来，为大生态环境保护做点点贡献。

金 鱼 缸 一 隅

周韧刚

饲养鱼类,哪怕是本来就是野生的鱼类,也需要经常关注水质的变化、食物的多少等,我似乎并无闲暇饲养它们。然而,陪伴了我近二十年的鱼缸不会就这么闲着,"懒人"照样可以让它充满生机。

按照生态系统的基本要素来配置,让生产者、分解者各得其所,这样消费者就会栖息、生存、繁殖。比如,鱼缸底部的碎石细沙,可以成为各种动物粪便、植物落叶等的收纳站,而各种微生物更可以栖息其中。我在水中随手

金鱼缸一隅

安排了一些植物,并未出于景观的考虑,而是种植易于存活的物种,如铜钱草(伞形科天胡荽属)属于挺水植物,更像水培观叶植物;狐尾藻(小二仙草科狐尾藻属),也会高出水面,但不知什么原因好像并没有冒头;金鱼藻(金鱼藻科金鱼藻属的被子植物)是完完全全的沉水植物;苦草(水鳖科苦草属的被子植物)。被称为"藻"的,实际不是藻类,而是长得比较特殊的高等被子植物。当然水中有真正的藻类植物,它们是自发长出来的。有多细胞、呈丝状的藻类,会长在玻璃缸壁、动物体的表面等。

苦草

铜钱草的果实

各种螺是不请自来的。植物上附着卵，就自然长大、扩增。加上椎实螺属于雌雄同体，因此，只要两只，就会变成成群结队。据说，有些种的螺还能自体受精，繁殖后代（手头暂时没有足够的资料，待查）。椎实螺和扁卷螺都属于软体动物腹足纲的肺螺亚纲，生长在水中，吃、拉在水中，却不利用水中的稀缺资源——溶解氧，因此，虽然它们会吃掉一些水生植物，但在这样的小环境中，只要不泛滥，是有益于生态系统的良性发展的。

椎实螺

螺蛳

棱螺，俗称螺蛳，软体动物门腹足纲，完全水生的螺，卵胎生，是从幼螺慢慢长大的。

甲壳纲十足目匙指虾科的黑壳虾（也称"米虾"）是一种比较温和的小虾，素食（或腐食），引进鱼缸时已经孕育虾卵，小虾孵化出来后就像水蚤一样能自由生存。

孵化不久的黑壳虾

水中还有不请自来的昆虫,蜻蜓目豆娘和蜻蜓将卵产于水生植物上,卵孵化为稚虫,俗称水虿[chài]。有了它们,就不用担心家中吸血的蚊子在水中产卵了。

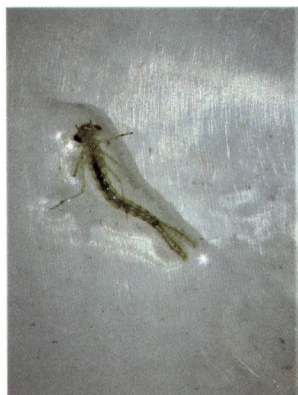

豆娘稚虫

蜻蜓稚虫

两个月下来只长大一点点的蜻蜓稚虫

再仔细看看似乎平静的水中,其实还有更多的小动物。肉眼能看到的极限,差不多是微小的甲壳纲动物剑水蚤。剑水蚤与大家熟知的水蚤不同,运动速度飞快,像流星般闪过。

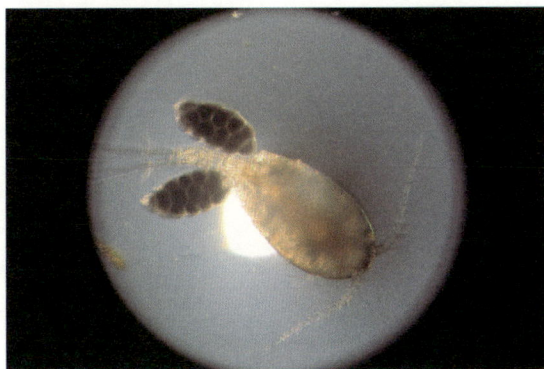

剑水蚤

另外,一只螺可能也是一个"动物园"。我曾亲眼见到其中爬出细小的蛭纲动物,还有在阳光下可见如群蛇狂舞般的线虫,这样的画面只能自行脑补了!

如果把鱼缸中的水放在显微镜视野中观察,一定还可以探寻到更多的神秘!

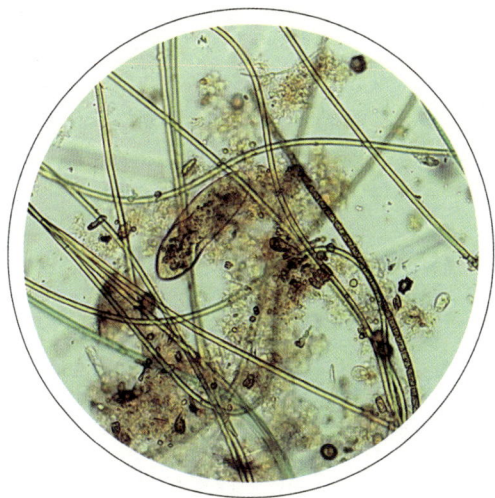

小水滴里的"大世界"

——记实验课上学生们的"意外发现"

张正国

因为能够自己动手操作,而且可以接触到各类实验器材,所以,对于实验课学生们向来是比较向往的。高中生命科学课中有一个颤藻和水绵的比较观察实验,学生们亲自动手做实验,观察活的颤藻和水绵这两种淡水藻类,来感性地认识原核生物和真核生物的特点。

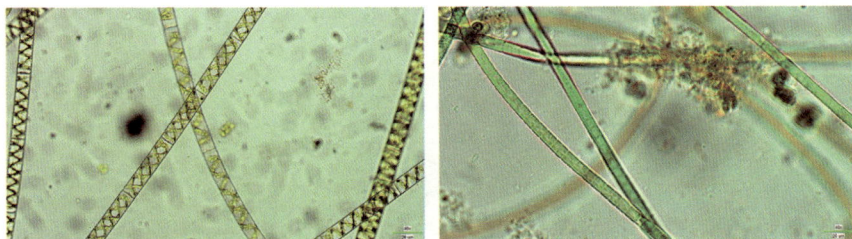

水绵　　　　　　　　　　　　颤藻

我们的实验材料都取自于野外的水体，而野外水体中存在着诸如轮虫、线虫、草履虫等各种肉眼看不见的微生物。由于同学们都未曾见过这些在显微镜视野中或爬、或游、或蠕动的生物体，所以在看到后可能会表现出惊讶、惊奇、甚至恶心、尖叫等。这些都是教学工作的挑战，但同时也带来了机遇。

在简单介绍了实验的目的、材料、过程之后，同学们就开始动手做实验了。由于实验材料——颤藻和水绵是统一放在讲台上的大烧杯里，所以，"同学们现在开始动手，"我的话音刚落，许多同学就忙不迭地拿着镊子和载玻片快速地来到讲台前取实验材料。

第一个实验是颤藻的观察。在取得颤藻材料后，同学们就回到各自的实验桌，按照实验步骤做实验：展平、滴加水、对光、镜检，有板有眼地做了起来，有滋有味地在显微镜下观察着……在观察过程中，还发生了一个个有趣的"意外"。甲同学（男）报告说："老师，显微镜里有一个奇怪的虫子在爬，好恶心"；乙同学（女）报告说："老师，显微镜里有许多小虫子在窜来窜去的游"；丙同学说："显微镜里有许多奇怪的东西，老师您过来看一下。"看到这些奇怪的、形形色色的生物，许多同学都表现得很惊奇。

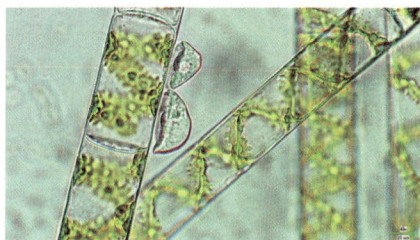
车轮虫

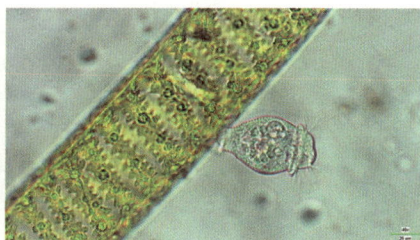
轮虫

说是"意外"，但看到这些小东西是情理之中的。因为在课堂开始阶段的实验介绍环节，为了防止个别特别胆小的同学在看到这些微小生物之后发出尖叫或其他过激的举动，我就已经提前向学生们做了预告："由于我们这次实验的材料——颤藻和水绵都取自于野外的水体，而野外水体中存在着各种肉眼看不见的微生物，所以实验观察过程中，除了可以看到颤藻和水绵，你还可能看到一些你未曾见过的微小生物，如轮虫、线虫、草履虫等，它们或爬、或游、或蠕动。但是，请同学们不要害怕，它们不会对你产生伤害，它们只是一些'原生动物'或'无脊椎动物'而已。它们的存在恰恰说明了地球生物的多样性和微观世界的丰富多彩。"

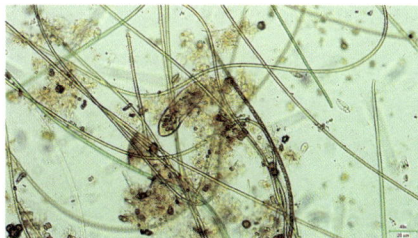
草履虫

拟钟虫

眼虫

　　尽管我已经向同学们做了必要的解释,事先给他们打了预防针,叫他们不要紧张,不要尖叫,但是当这些"小东西"真实地出现在他们眼前时,惊奇、惊讶之情还是溢于言表。其实事后想想,同学们这样的举动完全是可以理解的。人类有着好奇心和探索未知世界的天性,特别是思想比较活跃、求知欲比较旺盛的中学生更是如此。所以,当这些从未见过的微小生物出现在他们的视野中时,表现出惊讶、好奇是再自然不过的事了。

　　教育要抓住契机。看到学生强烈的好奇心,在对几个提出的问题做了适当的解释后,为了进一步引导大家去认识了解微观生命,也为了进一步激发对生命科学的学习兴趣,在课堂的最后,我向学生们推荐了一部由法国著名纪录片导演拍摄的纪录片《微观世界》,希望学生们抽空看一下这部影片并分享观后感。

我和枯叶蛾的亲密接触

景小军

一个平常的早晨,踏上熟悉的台阶,我和它不期而遇……

保洁阿姨说:"这边怎么有个枯叶?我去把它清理掉。"

我急忙拦住阿姨说:"等等,这不是枯叶,这是一种像枯叶的蛾子。"阿姨不信,凑近了看,还是坚持说是枯叶。

枯叶蛾

枯叶蛾

　　我飞步来到办公室,拿来喜糖盒,轻轻地一托,"枯叶"顺势落到了盒子里,翻了个身,爬到了盒壁上。阿姨这下终于相信这不是枯叶了。

移到盒子里

头部特写

　　这只形似枯叶的蛾子，名为枯叶蛾（一种赤褐色的蛾子。因其静止时的翅很像枯叶，故名。幼虫体形稍扁，能越冬，吃桃、杏、梨等树的叶子）。原来除了有枯叶蝶还有枯叶蛾，大自然真是太神奇了！

落叶中的枯叶蛾

　　枯叶蛾的伪装效果到底怎么样呢？我在树下找来几片枯叶看看效果，貌似看不出来嘛。接下来有两节生命科学课，又可以带到教室和孩子们分享生命的神奇和绚丽多彩了。想到这儿，我赶紧倒出茶叶，把这枯叶一样的蛾子放了进去，这下孩子们观察起来就方便了。

学生课堂观察

　　我拿着瓶子在教室里先兜了一圈,问:"同学们,老师瓶子里面装了什么?"学生说:"枯叶呗!"我提示性地问:"老师带枯叶到教室里干什么呢?"学生们议论纷纷,有的说:"秋天来了,叶子枯了,老师想让我们明白季节的更替,植物的变化……"小家伙们还真会想!我凑近学生,摇了一下瓶子,学生大叫起来:"老师,这个枯叶会动!"

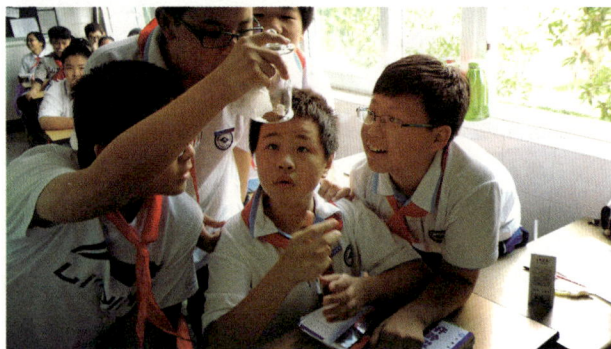

学生课堂观察

教室沸腾了。我索性让学生们传下去，一个个观察。

学生课堂观察

另一个班的学生好奇地挤在一起观察的场景。

晚上，把瓶子放在办公室桌上，准备给第二天上课班级的学生看，没想到隔了一夜，瓶子里居然这样了……

好奇的同学们围观交流

瓶内出现不明物体

第二天的课堂上，同学们议论纷纷，有人说这是枯叶蛾的"便便"，也有学生说枯叶蛾产卵了……

粪便还是卵？

究竟是什么呢？我们凑近研究下。再凑近看看，原来是这样的，真美！

看来肯定不是"便便"了，应该是卵。下课铃响后，学生们又纷纷围了过来。有学生问我："怎么摇了几下瓶子，这只枯叶蛾只是轻微动了几下，是不是病了？"我告诉学生："飞蛾是一些虫子的成虫。飞蛾的生长周期是受精卵——幼虫——蛹——成虫，在最后变为成虫（即飞蛾）后两个月内，飞蛾会产卵，产卵2天后会因能量消耗完毕而死去，因为卵凝聚了它的所有'精力'，它把营养最大化的留给了后代。"看到学生们黯然神伤的表情，我又说："这是自然界的普遍规律，所有生物存在的意义就是延续生命，特别是低等生物的生命。虽然它快死了，但是瓶壁上的这些卵是它生命的延续啊！"这时，有学生建议亲手把这只枯叶蛾"放生"，我带孩子们来到了教室前的草丛，满足了他们美好的愿望。

枯叶蛾虽然放生了，但是瓶子里留下了一个个"希望"，迫不及待的学生已经争先恐后的预定了这些"希望",他们想和父母一起期待着奇迹的发生……

一个个"希望"

我的感触是:作为一名非升学考试学科的教师,并不代表我们不重要,相反,在学生成长的道路上,我们的学科有着独特且不可替代的育人价值。通过类似如此的营造氛围、创设情境,给学生独特的经历和体验,增强学生亲近自然的欲望,提升学生关爱生命的热情,淡化学生对虚拟网络的痴迷。也许若干年过去了,我所讲授的知识学生早已忘记,但我传递的亲近自然、关爱生命的理念已扎根他们的脑海了,他们对于美的发现、欣赏和表现的能力提升了,而这正是我努力的目标,也是我作为一名生物教师最大的幸福。

校园流浪猫观察日记两则

顾巧英

2017 - 2 - 28　　　　星期二　　　　晴

　　夕阳西下，早春的傍晚温度并不高。我站在教室前的走廊上，忽然听到阵阵猫叫声。循声望去，是一黄一黑两只猫咪正蹲在小池塘边上叫唤着。它们想干什么呢？看样子不是偶然路过此处，也不像是在嬉戏，难道是……此时，我脑海中浮现出前几天看到的一些散落在草坪上的鸟羽，地点距猫咪蹲守处大约 20 米。这些羽毛会不会和这两只猫咪有关？为何它们选择蹲守在小池塘边上？一个个问号在我脑中盘旋,我饶有兴趣地观察起来。

静守池塘边的猫咪

猫咪们似乎也发现了我,但是对我的存在它们并不在意。黄猫咪蹲在池塘边的一块石头上,黑猫咪蹲在旁边的草地上。黄猫咪闭目养神,黑猫咪时不时扭头看看我。它俩就那样静静地蹲着。

保持警惕的黑猫咪

闭目养神的黄猫咪

大约过了 10 分钟,黑猫咪起身踱步至池塘边。一边仔细嗅着池塘边的石块、树枝,一边绕着池塘缓慢前行。

绕池塘而行的黑猫咪

它时而钻过灌木丛,时而绕过假山,时而潜伏在乱枝中,时而凝视池塘里的鱼儿。

准备穿越灌木丛的黑猫咪

穿越灌木丛的黑猫咪

灌木丛尽头的黑猫咪

凝视池塘的黑猫咪

天色渐渐暗下来,黑猫咪由西向东绕了小池塘一周后,忽然加快了步伐,消失在不远处的竹林里。

奔向竹林的黑猫咪

在观察黑猫咪行踪的同时,我也关注到了黄猫咪。它依旧蹲在那块大石头上,只是偶尔弓起背。

蹲守在池塘边上的黄猫咪

弓背的黄猫咪

在黑猫咪离开不到 2 分钟之后，黄猫咪也离开了小池塘，不过它是钻进了西边的黄杨丛中。

回望池塘的黄猫咪

离开池塘的黄猫咪

目送着猫咪的背影，我还是有些舍不得离开。总觉得今天应该会发生些什么的，但是却没有。

依稀记得前年冬天的一个傍晚，也是在这个池塘边上，我远远地看到一只鸟（可能是夜鹭）正准备捕食池塘中的鱼儿。我很兴奋，正准备仔细观察，却发现在鸟的不远处有两只蓄势待发的猫咪，我更加兴奋了！所幸的是鸟儿很警觉,在猫咪得逞之前飞走了。今天的两只猫咪会不会就是上次的那两只呢?那只黑猫咪是不是在嗅鸟儿的味道?两只猫咪之间是否有合作关系?问题接踵而来。我忽然想到了之前看到的关于鸟迷和猫迷之间的一些争论。鸟迷认为大量流浪猫的存在减少了野生鸟类的数量,其中包括一些濒危鸟类,所以流浪猫应该被人为地限制。而猫迷则认为猫捕鸟是它的天性,它们需要生存,这是生物链上正常的一环,人类无需加以特别干涉。从另外一个角度讲,鸟迷和猫迷之间的争论可以理解为"如何处理个别动物的生存权与整个生态系统健康之间的矛盾"。鸟迷和猫迷站在各自的角度,各执一词,谁也说服不了谁。我想,对于已经存在的流浪猫,如果大量的捕杀它们,也是件残忍的事情,给他们做节育手术也许是最好的选择。

2017 - 03 - 01　　星期三　　多云

因为挂念昨天的那两只猫咪,今天放学后我又来到了小池塘附近,等待着猫咪的出现。蹲守了大概 20 分钟,并没有看到它们的身影,我有些失望。它们会去哪里呢?我想到了学校垃圾房附近,那里经常有猫咪出没。果然,我远远就看到垃圾桶被两只猫咪占据了,它们正在翻找着什么。

翻找垃圾桶的猫咪

正要靠近，一只白猫进入我的视野。

走向垃圾桶的白猫咪

哈哈！一共有三只猫咪。白猫很快从我的视野中消失了，剩下的是一只黑猫和一只条纹猫。对于我的到来，它们只是偶尔抬头看看，并不在乎。条纹猫很快从蓝色垃圾桶中跃了起来，蹲在边上另一只蓝色垃圾桶上低头啃食着什么，我定睛一看，是一个翅根。黑猫翻了半天，未果。

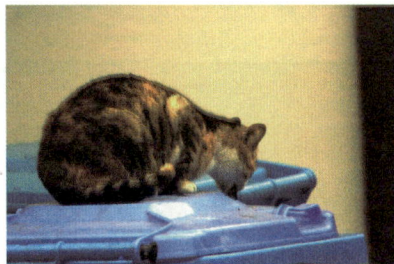

啃食翅根的条纹猫

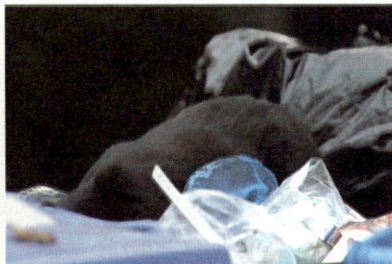

埋头翻找食物的黑猫咪

黑猫轻轻地跃至地面上。条纹猫则叼着翅根跳进了边上的绿地，依着一颗石榴树继续享受美味。

舔舐状的黑猫咪 　　　　　凝视状的黑猫咪 　　　　树边继续享受美味的条纹猫

　　趁着还有些亮光,我仔细看了看眼前的这只黑猫,不是昨天那只。昨天的那只前脖颈是白色的,而且有非常漂亮的白胡子。那么,校园里一共有多少只猫咪呢?除了捕食野鸟之外,它们的主要食物来源是什么?是靠每天翻找垃圾桶吗?此时,我又想到了猫迷和鸟迷之间争论的另一个话题:要不要给流浪猫喂食?我想起自己曾几次带着孩子给小区里的流浪猫喂食。当时的想法是,那些猫咪每天在垃圾桶里翻来翻去很可怜,带着孩子去喂食,可以培养孩子的爱心,现在开始反思这样做是否妥当了。从表面上看,喂食流浪猫是件好事情,可以使那些缺乏食物的猫咪活下来。仔细想想,这可能未必是件好事。在没有人为干预的情况下,这些个体就被自然淘汰了。在和其他生物相处的时候,人类往往会一厢情愿地认为自己做了好事。事实上,如果站在生态系统的角度上考虑,结论恰恰是相反的。在保护流浪猫和保护野鸟的这场战争中,有一点我觉得应该反思。猫咪原来是人类的宠物,因为各种原因,它们遭到了抛弃,成了流浪猫。如果人类没有随意地抛弃它们,而是对它们宠爱终身,那么,这场战争也就无从说起了。所以,当我们考虑是否要养宠物时,一定要慎重。一旦决定要养,那就要善始善终,避免对宠物本身造成伤害,更重要的是避免对生态环境造成伤害。

培养科学素养，
从认识身边的植物开始

徐雪君

　　"两只黄鹂鸣翠柳，一行白鹭上青天"，杜甫的千古名句从小就印在每个人的脑海中，史铁生的《合欢树》、林清玄的《紫茉莉》，作者优美的文笔也打动了不少人，但是我们是否认识黄鹂、白鹭、合欢树、紫茉莉？恐怕很多人不认识。对身边的生物熟视无睹，不会去观察自然、欣赏自然、探究自然，也就无从谈起培养自己的科学素养。达尔文自小就热衷于收集甲虫，《三只甲虫》的故事非常动人，被传为佳话。林奈从小喜爱大自然，对植物特别有兴趣，只要有机会，他就钻到树林里去观察和采集植物。很多科学家从小就对自然界有浓厚的兴趣，最后把探究科学真谛作为终生奋斗的目标。

可能很多人会讲现在是互联网时代，智能机器人、高科技实验室更能激发学生的兴趣，培养科学素养。但科学素养教育是一种普及化的教育，人人都要发展科学素养，从而提高全民族的科学素养。如果一个人连身边的植物、动物等常见生物都一概不知，或者知之甚少，我们就很难说这个人有很好的科学素养。至少，他对自然界的认识是有缺失的，也会缺少很多生活情趣，更不可能写出"西塞山前白鹭飞，桃花流水鳜鱼肥"这样的千古名句和优美诗篇，因为他不认识身边的花鸟虫鱼。

基于这样的思考和认识，近些年来，我们生物组的老师编写了《身边的植物》的校本课程，为学生开设了基于校园植物的科学探究活动，深受学生喜欢，取得了较好的实践效果。课程的主要内容有：①认识身边的植物。调查校园植物种类，包括编写《校园植物名录》、绘制植物观察笔记、开展植物种植体验活动等；②探究身边的植物。包括认识植物营养、观察植物器官等；③欣赏植物之美。包括制作叶脉书签、设计植物叶贴画、植物微观摄影等。

春天，校园里盛开着大红的杜鹃、洁白的玉兰、紫色的鸢尾等，使整个校园色彩缤纷，芳香袭人；夏天，高高的梧桐树为我们撑出一片绿荫，雪松下的石板凳成了看书、乘凉的好地方；秋天，桂花开放；冬天，蜡梅留香。这样的校园是多么美丽！当我们漫步在林荫下，流连在绿茵如毯的草坪和艳丽多姿的花坛旁，顿时感到心旷神怡。学校里鸟语花香，为我们开展科学探究提供了丰富的素材，我们引导学生通过各种形式观察身边的植物，培养他们的学习兴趣。

一、最美校园观花季

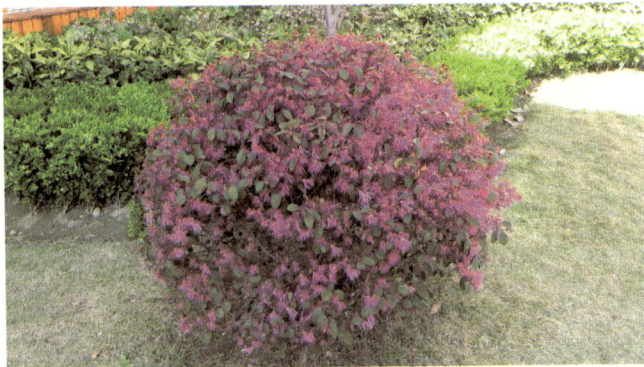

红花檵木

生物组的老师会在春暖花开的季节利用微信平台发布相关信息,引导学生去观察各种花卉,激发学习兴趣,提高审美情趣。例如,在 4 月初,我们推送的《最美校园观花季》校园微信,重点介绍校园的近十种植物,让师生都能了解校园的开花植物,引起了师生的热情参与。其中我们是这样介绍红花檵木的:"红花檵木花期是 3—5 月,花 3—8 朵簇生。常年叶色鲜艳,枝盛叶茂,特别是开花时瑰丽奇美,极为夺目,是花、叶俱美的观赏树木。红花檵木的学名中有'*chinense*'和'Yieh',是由已故著名林学家叶培忠教授于 1938 年春在长沙天心公园发现并命名的。它起源于湖南省浏阳市,享有'植物熊猫'的美誉。浏阳市被称为'红花檵木之乡'。"学生在欣赏植物之美的同时,也会感叹中华民族的地大物博,民族自豪感油然而生。

二、植物识别小达人

据统计,我校植物种类大概有 100 多种。为促进学生联系自身生活实际，不断增强环境保护意识，提高科学素养，我们开展了"植物识别和植物挂牌"活动。具体的做法是：中学部和小学部各班推选 3 人为一个小组，代表本班参加校园植物识别大赛，在规定的活动时间内识别校园 50 种植物（事先编号），完成《校园植物识别表》的填写，并通过各年级组汇总上交至中小学大队部，由学校活动组委会进行评审。

植物识别小达人

本次识别大赛得到了学生们的积极响应和踊跃参与。学生们利用课间休息时间、中午时间以及放学时间，走遍校园的每一个角落，按照《植物识别表上》的编号，寻找挂着相应号码牌的植物，仔细辨认并填写《植物识别表》上植物的学名和科名。在识别活动中，有的小组借助《常见植物名录》查找相应植物名称；有的小组把校园植物拍成照片，寻求本班同学、老师或者家长的帮助；有的小组特意到附近的和平公园去参观学习植物名称。最后获奖的学生还参与了学校的植物挂牌活动。活动的开展，对于学生来说是一次很好的科学普及教育。通过活动,很多同学能认识至少 50 种以上的植物,并对校园的植物产生了浓厚的兴趣。老师们也纷纷表示,没想到校园里有这么多植物物种。

三、植物观察笔记

自然笔记是采用图画、文字等形式,有规律的(类似于日记性质)对身边的大自然进行记录。用纸笔呈现出精彩的自然笔记,既拓宽了学生的知识面,又培养了学生的观察能力。为此,我们在学生中开展"植物观察笔记"活动。学生用细致、持续的观察,记录植物的形态和结构,用纸笔记录植物的根、茎、叶、花、果实、种子。学生们积极参与,经常会看到学生坐在学校的某一个角落,静静地记录着某种植物的某个器官。在学生的心中可能从此种下了一颗科学探究的种子,在潜移默化中科学素养悄然生长。

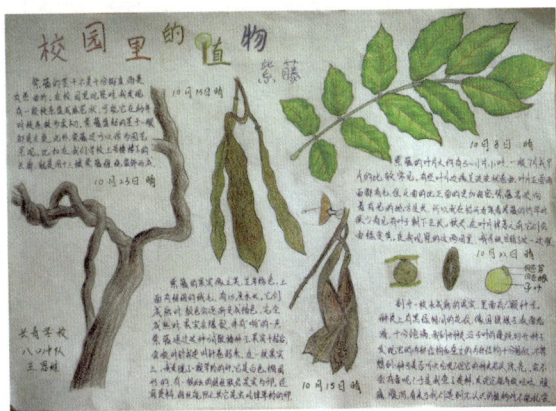

学生的自然笔记

除此以外,我们还开展"校园植物种植"活动。学校在校园里开辟了一块面积只有 4 平方米的狭长空地,取名"梦想菜园",种植蚕豆、油菜、香菜、荷兰豆、芝麻等植物。尽管地方小，学生们却非常喜欢，经常到"梦想菜园"附近转悠，也经常会问负责的老师什么时候会轮到自己的班级除草、浇水。基于对校园植物的科学观察与探究，既贴近了学生的生活和体验，又激发了学生探究科学的兴趣和爱好，得到了学生的积极参与。

近些年来，学生参加上海市科协组织的"植物识别大赛""植物观察笔记比赛""上海市校园植物名录评比""植物摄影比赛"，都取得了上海市一等奖的优异成绩。所以，培养科学素养，我们不妨从认识身边的植物开始。先认识校园植物，再认识周边的植物。认识植物的过程中，学生会从事相关的研究工作，例如查阅资料，做植物观察笔记，学习植物摄影。在亲近自然的过程中，学生可能对植物以外的生物，如昆虫、鸟类产生观察的兴趣，会对周围的绿化和生态环境产生关注，甚至会开展相关的动植物探究活动，在不知不觉中对科学产生浓厚兴趣，学会科学探究的基本方法，形成求真的科学精神。

探秘校园内的"植物王国"

吕晓颖

春华秋实，莺来燕去，是我们身边再平常不过的变迁，也是大自然赋予生命的奇迹。漫步在校园的林荫道上，潜行在校园隐秘的花园中，闭上双眼，张开双手，做一个深呼吸，将生命的美好渲染到极致。很享受这样的美好时光，用眼睛观察季节在时光中的交替，用相机记录生命勃发时的美好，用心灵去感悟生命逝去时对自然的依恋。

春之樱

春天带给人的感觉是明媚的,生机勃勃的。在春风的沐浴下,万物都在葱郁新生,如草初萌,如花含苞,翠绿的芽,粉嫩的苞儿,在黑色、灰色的枝上生生地长着、鲜活着,给寂静、素雅的校园带来春的盎然生机,为匆匆行走在校园中的师生带来一抹惊喜。在明媚的春日下,时常见着停在花树旁的人儿,或用手机记录那美好的生命,或用语言感叹春的到来,或静静地观赏这自然的馈赠,同呼吸,共芬芳。我亦不能免俗地成为春日使者的拥趸者,在课余闲暇间捧着心爱的相机、手机,穿梭在密林处,流连在花草中。

沐浴在春风下的樱花节

校园中最显眼的就是中日友好的使者——由日本姐妹校赠送的樱花了。三月的"樱花节",访问友团穿梭不竭。碎樱拂发际,雀鸣落花间的美好景致常见眼前。看着纷纷扬扬的樱花花瓣随着清风的旋律优雅地舞蹈时,如若不是飘舞时还掺杂着些许淡淡的粉晕,我恍若看到了飞雪。自然,作为校园探秘的首发植物——樱花必定是我要隆重推介的。

中日友好使者

櫻花,原产于喜马拉雅山脉。被人工栽培后,这一物种逐步传入中国长江流域、西南地区以及台湾岛。秦汉时期,宫廷皇族就已种植樱花,距今已有2 000多年的栽培历史。盛唐时期,日本深慕中华文化之璀璨以及樱花的种植和鉴赏,樱花随着建筑、服饰、茶道、剑道等一并被日本朝拜者带回了东瀛。

樱花飞雪

芳华

红英缤纷

落樱

萌

觅

飘零

生机

樱色

绽放

作为被子植物门蔷薇科樱属植物，它有很多分支品种。校园中最多的是染井吉野樱、大岛樱和日本晚樱。形态特征如下："乔木，灰色树皮。叶片倒卵形，先端渐尖或骤尾尖，有小腺体，托叶披针形，有羽裂腺齿。花序伞形总状，总梗极短，花梗长2～2.5厘米，花瓣先端缺刻。核果近球形。"由于专业的表述不易被非专业的植物爱好者理解，再加上不少师生在三月都会问校园中的哪些花是樱花，结合其形态特征，我总结了几句好记又容易辨识的顺口溜："皮若丝缎，上附褐唇，柄带两碗（腺体），花瓣缺刻。"现在，绝大部分学过口诀的师生都能顺利辨识樱花了，这再一次论证了教学既是科学又是艺术，不仅需要理论技能，更需要教学智慧。

樱花步道

觅绿踪

三月，植树节是其大写的标签。恰逢初中教材中要求认识上海的常见植物,所以开展以"寻踪觅绿"为主题的课内体验和课外拓展活动就显得非常顺应时机。

按照教学要求,在课堂上简单教授几个基本的植物分类学术语后,对春日校园充满好奇的学生们在我的指挥下分组开展了寻踪活动。他们或跟随我的步伐,一个个实地辨认植物的特征;或借助网络的力量,利用我事先预设的校园植物探秘网页,自主辨认学习眼前的植物,并按照活动记录单要求快速完成相应内容。

觅绿踪

附活动记录单:

寻找身边的植物活动记录表

活动时间: 班级:

组长: 记录人: 组员:

植物名称						
植物类型(乔木\灌木\草本\藤本)					藤本	乔木
叶	着生方式 (对生/互生/轮生)	对生	互生	轮生		
	类型 (单叶/羽状复叶/ 掌状复叶/三出复叶)				单叶	
花	单性花/两性花					
	花冠类型					
果实	类型					

课后,一些对植物有兴趣的学生不满足于短短四十分钟所学的内容,围

着我久久不肯离去。我因势利导,结合植树节开设了一个短期拓展课,利用课余时间寻找春天的足迹。

附拓展课活动单:

"寻找春天的足迹"考察要求

主题:寻找具有春天气息的开花植物

材料工具:照相机、纸、彩笔等

考察内容:

拍一拍:留下植物的倩影。有摄影基础的同学也可对植物的各部分拍摄特写。(友情提示:花朵、花蕊部分可是春天的使者)

画一画:观察植物的叶片,把叶片画下来或者拿张白纸拓下来也可以,包括叶型、叶脉的走向等。

赏一赏:用语言形容观察到的植物的形状、高矮;叶色、叶形;花冠形态、花色,花瓣数,花蕊数目;果实形状、软硬、颜色等。

说一说:我与植物的小故事

成果征集:

以电子小报(word 文档,PPT)或者手绘的形式整理记录考察成果。(以上考察栏目在成果中至少应含有三种)

考察植物名称:	
发现位置(植物园中的区域):	植物局部写真:(请用语言描述或绘图、摄影)
生境(陆生/水生):	
习性(喜阴/喜阳):	
春天的足迹在哪里(请把你认为该植物体现春天的特征表述一下)	
我与植物的故事	
班级: 考察人(小队):	

植树节那天，完成任务的拓展学习小组成员还在全校师生的见证下，为分部校园 34 种花木挂上了进行过编辑、制作的植物名牌，这样，今后课外辨识植物的学习途径又多了一条，大家爱护自然的心更浓了一分。

探迷迹

种在孩子们心里的绿色芽儿逐渐萌发了，自打开启了探索大自然的门户后，这些向往自然的娃娃们一有空就钻到校园的角角落落，寻找绿色的足迹。不仅仅是常见的花木，那些野花、野草更吸引他们的注意。蒲公英、阿拉伯婆婆纳、通泉草、老鹳草、一年蓬、点地梅、附地菜……说实在的，作为园艺专业毕业的生物老师，虽然认识的植物比一般人多，但是从未特意留意过那些野花、野草。在孩子们的询问下，我也成了这些野花、野草的"迷妹"，不断地通过各个渠道寻求这些花儿草儿的来路。

阿拉伯婆婆纳

附地菜

通泉草

黄鹌菜

蒲公英

酢浆草

沙坑里的植物世界

　　在三号楼下的草地中,我还发现了四、五株国家二级濒危保护植物——绶草。绶草可能是世界上最小的兰花,花朵在花序轴上呈螺旋状排生,就像是盘龙一样,因此也被叫做盘龙参,紫红色的小花朵在青草丛中非常好辨认。上课时,我讲述了我的这一大发现,孩子们听说校园中居然有二级濒危保护植物,纷纷要求我展示绶草的照片,并且在下课后也要去一觅芳踪。

绶草

好奇心为孩子们练就了发现自然之美的眼睛,雨后的校园,一类神奇的生物又映入他们的眼帘,那就是——真菌。草丛里、树干上、木桩边,各色真菌舒展着子实体等待着孩子们的发现。恰好学习了真菌的营养方式和与人类关系的孩子们,虽然认为它们是校园的一部分,但是也认为这正说明这些树木正处于亚健康,必须要给予治疗,使它们恢复绿色与活力。为此,孩子们组成了护绿小队,特地找到总务处,讲述了他们的发现,为校园能绽放美丽略尽绵力。护绿小队最得意的一件事情就是发现了两棵日本友人赠送的樱花正遭受虫害,及时告知学校后,在园艺师傅的帮助下让樱花重获新生。

真菌

櫻花生病了

　　校园中的绿色秘密其实还有很多，会发出香味的树叶，枯草枝变身美丽天使，十月开花的腊梅，有着哈密瓜味的花朵……只要有着一颗探寻自然的心，这些秘密都会向你敞开。

再遇白腹蓝鹟

景小军

第一次遇见你是在 2015 年 9 月 14 日上午，你从远方赶来，由于环境的陌生，撞死在了校园过道的玻璃窗上。当时和你在一起的还有一只白眉地鸫。刚开学还不到一个月，极北柳莺、白眉地鸫、你，三只迁徙的鸟儿死在校园的玻璃窗下，真令人心痛不已。

我是 41 码的鞋，和我的鞋做个对比，让大家大概了解你的大小。

校园路面，死亡的白腹蓝鹟

通过鞋作为参照了解大小

　　我是在下课的路上发现了你，我的关注引起了孩子们的围观。我及时对你做了冷冻处理，以便将来可能制作标本。你是谁？你是我的个人新种。从好友那里了解到你叫白腹蓝鹟（雀形目鹟科姬鹟属。粗哑的 tchk——tchk 声，冬季通常不叫。分布、繁殖于东北亚，冬季南迁至中国、马来半岛、菲律宾及大巽他群岛。过境鸟。雄鸟上体为发亮的蓝色，喉及胸黑色，下腹

学生围观

部白色,深色的胸与白色腹部截然分开。雌鸟上体灰褐,两翼及尾褐,喉中心及腹部白。与北灰鹟的区别在体型较大且无浅色眼线。雄性幼鸟的头、颈背及胸近烟褐色,但两翼、尾及尾上覆羽蓝色,虹膜为褐色,嘴及脚为黑色),多想再见到那个活蹦乱跳的你……

或许是我的执念,也或许是有缘,今天,在赶往初三校区的途中,我再次看到了你的同类。它好奇地看着我。在想些什么呢?伸长脖子想干吗?是在问我是否想给它拍照吗?它好像在说:"既然拍照,那你一定要等我摆好造型再按快门哦,关键是一定要让大家看清楚我的白腹。""我的背面也很美呢!"再转过去一点,让大家看清楚。再来一张背景干净一点的。怎么样?美吧!"大家说说看,我是不是一个好模特?记住我的名字了吗?我叫白腹蓝鹟哦。"

路边树丛再遇白腹蓝鹟

各种姿态的白腹蓝鹟

校园鸟类多样性调查随笔

刘俊峰

　　"高楼林立的上海,究竟有鸟吗?"提起上海的鸟,不少人都有这样的疑惑。初次接触课题,学生的第一反应与普通市民一样:"校园里就麻雀和鸽子,用得着调查吗?"

　　上海当然有鸟,而且还不少。2013—2015 年"动物二调"的初步分析结果显示,本市共调查记录到鸟类 219 种 227 619 只,据此推算,全市每年共栖息各种鸟类 460 多万只。那我们的校园呢? 我们周边的绿地呢? 我们是否长期忽视了身边的这些朋友？

我校"生物多样性和体验研究中心"于 2012 年被评为上海市第二批创新实验室,我在此平台开发了《生物多样性调查与研究》校本课程。"校园鸟类多样性调查与分析"是该课程最早实施的一个活动项目。作为学校研究型课程的重要组成部分,旨在激发学生主动获取和建构知识的热情,学会设计并开展生物多样性调查,掌握科学研究的基本方法,同时为中小学开展生物多样性调查积累经验、探索教学方法。本调查项目共安排 10 课时,内容包括:文献研究、观鸟培训、预调查、调查实践、数据处理、结果分析和小组汇报、交流。

熟练地辨识物种是调查研究的基础,这也是阻碍中小学开展此类教学的主要因素。我通过三个途径解决了鸟类识别技能欠缺的问题。通过上海市区主要鸟类的图谱和标本静态观察,大致了解了校园鸟类的种类;通过咨询专家和在社交媒体交流拍摄的照片、视频、音频,及时获取信息,经过反复的观察、实践获得基本识别优势物种的能力。

校园观鸟实践

标本室静态识别

　　完成教学所需的设备有数码相机、鸟类图谱、双筒望远镜,数量视参与调查的人数而定。城市鸟类多样性调查多在校园和公园等地进行,视场地的大小和地形、生境的类型等确定合适的调查方法,修正调查的参数。

　　动静结合,理论联系实践。没有理论积淀,还真不敢做什么调查。让学生先对照着实验室的标本、鸟类图谱慢慢学起来。让学生查文献、看图谱、看标本,初步了解调查对象:麻雀、棕头鸦雀、棕背伯劳、白鹡鸰、珠颈斑鸠、乌鸫、白头鹎、远东山雀等。室外考察,积累经验和技能。

　　以下为同学们观察学习期间拍摄的校园主要鸟类。

白头鹎

　　不仔细看,还真以为都是麻雀呢,但体态体貌、飞行姿势、鸣叫声……还真是差别明显啊。还有眉尖那道白毛,难掩其真实身份(白头鹎)。

　　渐渐地,同学们从正宗的“菜鸟”变成了循声觅影、观鸟识鸟的专家了。

　　调查方法和研究内容是课程实施、教学组织的两个关键点,在专业知识有限的情况下,文献研究就显得至关重要了。在阅读一定的文献后,学生了解了鸟类常用的数量调查方法有标图法、样线法和样点法,其中样线法是基于统计学中样本反映总体的思想,通过对样线条带内的个体进行绝对数量

珠颈斑鸠并非浪得虚名

孤独的侠客（棕背伯劳）

优雅地散步（白鹡鸰）

北红尾鸲凭栏而眺

调查，来反映整个地区的种群数量或密度。由于样线法不受季节的限制，灵活多样，因此已成为目前鸟类生态学中被广泛使用的数量调查方法之一。

布设样线的数量、位置以及特征（样线长度、宽度等）需要根据具体的研究地区和调查对象的特点，按照随机取样、系统取样或者分层取样的原则来进行。根据我校校园纵深长、主干道和辅道生境差异大、人类活动的影响程度不同等因素，我设定了两条平行的样线。基于高中生现有的知识基础，同时参考有关文献，我们将调查研究的内容定为校园鸟类的种类、种群密度、物种丰富度、对栖息地的利用。研究内容具有一定的专业性。关键是怎么调查呢？怎么布设样线呢？学生们看看校园的地形图，看看每天走过的小径和树林，抽样调查、样线法的概念已经不再那么高深莫测了。

样线是确定了，但要调查多少宽度范围呢？1930 年 King 首次提出有效宽度的概念，他用鸟类个体到样线的垂直距离的平均值作为有效宽度，从而得到有效面积。根据经验，空旷地带有效宽度为 50 m，森林中有效宽度为 25 m。学术期刊上查到的 30 米、50 米对中学校园来说一点都不合适。此情此景，将有效宽度概念和标准提出才能深入人心。学生们考虑到绿化区植被密度和建筑物的遮挡，通过预调查，设定有效宽度为 15 m。

学生们对于城市常见的鸟类，从陌生到熟悉；对于调查方案的设计，从一无所知到一次次的完善；对于研究，真实性与科学性源于一次次的重复调查与翔实记录。通过一个多月的调查与实践，收获的不仅仅是观察的经验，还有研究成果出炉时的科学成就感。

表1　校园鸟类种群密度和栖息地类型

	样线 1 种群密度（只/km²）	样线 2 种群密度（只/km²）	主要栖息地类型
麻雀	1 533	667	建筑物、行道树
白头鹎	1 600	866	建筑物、树林、行道树、草坪
乌鸫	567	400	行道树、树林草坪结合地带
珠颈斑鸠	367	330	树林草坪结合地带
白鹡鸰	67	0	建筑物附近
棕头鸦雀	233	0	灌丛、草丛
棕背伯劳	0	33	树林草坪结合地带

调查共观察到 7 种鸟,其中雀形目 6 种,分属 6 科,鸽形目 1 种。麻雀、白头鹎是校园中普遍的优势种,而且喜欢集群活动。麻雀、白头鹎、乌鸫在建筑物附近、行道树、树林均有分布;珠颈斑鸠经常在草地觅食;白鹡鸰通常发现于视野开阔的地面;棕头鸦雀喜欢在灌丛中活动,对外界干扰很敏感;棕背伯劳总是独立枝头,俯瞰四野。观鸟培训期间发现的北红尾鸲在正式调查期间并没有发现,可能与该生物的季节性活动及数量少有关,但也为渗透客观、严谨、科学的科研价值观提供了鲜活的教育素材。

表 2　各栖息地(样线区段)物种丰富度及种群密度

样线区段	物种	种群密度(只/km²)	丰富度(物种数/m²)
手球馆 食堂 篮球场 (样带面积 600 m²)	麻雀	584	0.011 7
	白头鹎	500	
	乌鸫	500	
	珠颈斑鸠	167	
	白鹡鸰	84	
	棕头鸦雀	42	
	棕背伯劳	42	
操场东门 操场西围墙 (样带面积 300 m²)	麻雀	3 000	0.016 7
	白头鹎	1 667	
	乌鸫	417	
	珠颈斑鸠	333	
	白鹡鸰	0	
	棕头鸦雀	83	
	棕背伯劳	0	

样线 1 的主要区段是学校的主干道,人为干扰远大于样线 2,且两条样

线周边的植被类型相似。而统计分析表明样线1中树麻雀和白头鹎种群密度明显高于样线2，这与调查前的预测恰好相反。这一调查结果促进了新一轮的文献研究，进而发现了食物易获性的影响因素，最终做出了更为全面和合理的解释。通过比较分析同一样线不同区段的物种丰富度和种群密度差异的形成原因，学生深刻体会到栖息地对于生物多样性的重要性，对于保护生物多样性的意义有了深层次的理解。基于研究调查的分析不仅条理清晰，在广度和深度上较之说理式的记忆有着明显优势。

基于研究的校园鸟类调查活动，表现出如下特征：

突出学生的主体性。坚持边实践边学习，种群、群落、多样性等概念都是在实践中得以理解并展开应用的。关注结果，但更注重过程体验。记忆习得的知识终究会遗忘，学生在学校所学的知识和技能也是有限的、基本的，更多的是依靠本身的能力，自我发展而得到的。

突出组织的有效性。教学采用课题汇报和简易答辩的形式展开，就课型而言，结构比较明确，从鸟类的观察和技能培养，到调查方案的设计，然后是结果的分析和讨论，学生小组汇报的重点突出，任务明确。就难度而言，超越了教材要求，以学术性课题研究为载体，对老师和学生专业知识及技能要求都比较高，课堂效果能客观反映出该研究项目实施的有效性。

突出实践的研究性。学生实践贯穿于整个教学的始终，文献研究为调查方法和内容的确定提供科学的参考与经验；调查设计突出科学性与操作性，取样及有效样线宽度经实践后得以修正；分组讨论更关注挖掘问题的深度与研究的内涵，更注重学生科学思维习惯的培养和探究能力的发掘。经过系统的探究与实践，学生的实验设计、协作和表达能力均有一定提升。

主动探索、自主学习才能激活创新性思维，让学生真正体验到学习的快乐，老师首先要快乐。在实践中，学生的兴趣逐渐被激发，在研究过程中也体验着快乐，而这份快乐也承载着老师的志趣。

淀山湖放流纪实

计顺娟

　　一个春暖花开的日子,我们欣喜地收到了上海市渔政监督管理处的邀请,参加 2011 年淀山湖水生生物增殖放流活动。

　　2011 年 4 月 29 日清晨,何老师、我和将近一个班的学生们怀着激动的心情乘着大巴早早地来到了淀山湖畔。各位领导和社会各界人士都准时来参加了活动。两位女生代表和领导一起启动了放流环节。

放流活动启动仪式

放流活动启动

随后,早就迫不及待的同学们纷纷投入到放流活动中。

同学们在放流鱼苗

　　我当然也是第一次参加如此有意义的活动，一定要和学生一起亲手放流一群群小鱼苗！本次活动放流的小鱼苗有黄颡，共 2 000 千克，花鱼骨，共 5 万尾。远处渔船上的是较大个头的鱼苗鲢、鳙、鲫，共 3 000 千克，出于安全考虑，由渔政监督管理处专业工作人员直接放流。

花鱼骨鱼苗被放流

　　淀山湖水生生物增殖放流活动受到了多方新闻媒体的关注和报道。这是我们的学生在接受采访。

学生接受新闻媒体采访

　　活动结束后，我们还接受了上海市渔政监督管理处工作人员的访问调查。

　　在回去的路上，同学们都非常开心。今天的活动让大家感受到了放流的快乐，亲眼见证了本土水生生物受到社会各界保护的感人场景，同时轻而易举地认识了好几种家乡的常见鱼种，终生难忘！我对同学们说："这些家乡的美味，现在越来越少了。记得老师小时候，淀山湖清澈见底，鱼虾成群，除了今天放流的鱼种，还有泥鳅、黄鳝、河鳗、鲶鱼、鳜鱼、鳊鲅、塘鲤鱼和松江鲈鱼（我们叫它'花鼓'，因为它鳃膜上有两条橙色斜纹，酷似2片鳃叶，鲜红如花，又称四鳃鱼，当时已经是少见了）等等，价廉物美，品质极好！其中松江鲈鱼是上海本土水生生物中的名贵食用鱼类，因为不断地造闸建坝，破坏了它们的洄游线路，加上水源污染，影响了生存环境，产量越来越少，到70年代基本上就已经捕不到了。松江鲈鱼作为国家二级保护动物，现在复旦大学生命科学学院研究基地在为将其放归野外、物种保护和物种扩大等方面努力着。大家也要为保护家乡本土物种的多样性做出应有的贡献——不吃野生动物！没有买卖就没有杀戮。"

　　第二天，同学们又聚在一起，把对昨天放流鱼种的相关知识的调查和学习作了如下交流。

　　"黄颡，俗称昂刺鱼，生活在水底，特别喜欢生活在石头缝隙中。"一位学生说，"我爷爷小时候，只要找有石头的地方下水摸鱼，石头洞穴中准会捉到好几条昂刺鱼。如果没有石头，可以用两块瓦片交叉搭一个孔穴，丢弃于河底，一段时间后，昂刺鱼就会前来安家，下水一摸就抓住一个。它们食性广泛，吃小鱼、小虾和小的软体动物等，还吃昆虫和蚊子的幼虫，对环境的适应能力较强。昂刺鱼肉质细嫩鲜美，无小刺，吃起来不用怕鱼刺扎到，而且营养丰富。"

　　一位学生这样说："花鱼骨，别名季骨郎，喜欢生活在清澈的河水中，白天在水底活动,夜晚游到滩涂水草茂盛的水底觅食,也会游到水流急的地方活动。和昂刺鱼一样,以水生昆虫的幼虫为主要食物,也吃小鱼、小虾和软体动物。这是我爸爸告诉我的,他是在金泽长大的,就在淀山湖旁。"

我补充说:"老师有一项很特别的观察记录——花鱼骨能无性繁殖。我买了一条花鱼骨,它在水池里挣扎、跳动,其黄色的卵子就不断地流出来,我就把这些卵子放到了鱼缸里。鱼缸里的水是上学期从学校东边的河里打过来的,很久了,根本没有花鱼骨的精子。奇迹发生了,不久孵出了两条幼小的花鱼骨!并且还生长了一段时间。"我的一席话,让同学们很好奇,激起了他们的探究热情!

鲢鱼和鳙鱼都是我国四大家鱼之一,主要食用浮游生物,属于典型的滤食性鱼类,喜欢酸的和臭的气味,并喜吃草鱼的粪便和投放的鸡、牛粪等,有"水中清道夫"的雅称。

鲫鱼生活在河底淤泥处,背部颜色较深,和水底淤泥相似,很难被发现。当它们游到中上层觅食时,其腹部的白色会让底下的天敌以为是天空的颜色,"东方泛起了鱼肚白"就是这个道理。鲫鱼喜欢群居生活,经常在水草茂盛的地方活动,菱、藕等水生植物的幼嫩茎叶是它们的最爱,也吃小虾、蚯蚓、昆虫和幼螺等。鲫鱼肉质细嫩,营养价值很高,是我们大家经常食用的鱼类。

作为老师,我告诉同学们:"大家从这些鱼类的生活习性中不难发现一个生态现象,那就是——水养鱼,鱼养水!清澈的河水有利于鱼儿的生长、繁衍,而适当数量的鱼类通过它们的摄食等行为,可以让河水变得更清澈。"

大家又分别说出了各自的体会和感悟,班长做了很认真的总结。他说:"作为一名关注环境、热心公益的普通中学生,能参加昨天的水生生物增殖放流活动,我感到万分荣幸。可以说,这是我参加的最有意义的一次社会实践活动了。淀山湖是青浦的生命湖,是上海的母亲湖。这一汪湖水,承载着我们儿时的记忆。这一汪湖水,哺育着祖祖辈辈淀山湖畔的人民。这一汪湖水,孕育了朱家角古镇的千年文明。我的眼前依稀可见渔民摇橹、撒网的画面,船歌声、叫卖声仍在耳边萦绕。清晨的淀山湖如诗如画,湖水像一面镜子,又似一抹绸缎,水面上薄薄的雾气,轻轻散开,像沐后少女,婀娜多姿。柔和的阳光轻轻洒在水面上,闪烁着点点金光,仿佛为湖水披上一件金色的纱衣。风儿轻轻吹过,湖面荡漾起层层涟漪。水中倒影的杨柳,随风轻摆,若隐若现。远处有些许水鸟上下翻飞,时而掠过天空,时而轻擦水面,尽显祥和、宁静,让人神往。然而,就是这片祥和、宁静的水面,却有着鲜为人知的伤痛。大量污水的涌入、人类过度的开发,使淀山湖水质恶化、水草荒芜、鱼虾锐减、资源衰退、生态失衡。淀山湖在哭泣,人类在为自己的贪婪付出代价。值得庆幸的是,我们的父辈们已把淀山湖的生态环境保护放到了重要的位置,控制污水排放、增殖放流、保护生物多样性、河道清淤、综合整治环境,我们有理由相信,一个水清鱼跃的淀山湖离我们不会太远的。今天,我们用小手放归鱼儿,增殖淀山湖渔业资源、保护生物多样性;明天,我们将用智慧去承载保护生态环境的重任。我们有朝气、活力和热情,也不缺乏危机感、责任感、使命感。同学们,建设美好家园,建设生态文明,我们要给力、给力、再给力!"

那一片银杏，那一缕情思

邵向东

曾几何时，海纳百川的上海是繁荣和浪漫的象征，一个僻静的角落，一杯浓醇的咖啡，一个下午的发呆……好友相聚、闺蜜聊天、情侣漫步。周末的午后，来到世博园景观大道，那一片优雅而浓密的银杏。阳光透着缝隙洒落，暖暖的黄叫人荡起心底的涟漪。每棵银杏树都被修剪成法国梧桐的模样，约在二米高的地方开杈，分杈处有五六根支干斜插天空，张扬且霸气。正值深秋，清奇的风骨依然露在空中，从苍劲的体魄中，依稀会发现它未来遮天蔽日的野心。

| 冬天的银杏 | 夏天的银杏 |

至于为何不选择香樟、悬铃木等生长较快、树冠容易成型的树种而选用银杏作为行道树的原因不得而知。我想可能是因为银杏树叶形状美丽，蕴含着优雅的气质；深秋时节叶色金黄，挂果多多，景色艳丽；少虫害；不择土壤肥瘠，管理简便吧！这也是我喜欢银杏的主要原因，美丽而不矫作，平凡而又高贵。

当年挺立在世博大道两侧稚嫩的银杏树如今在园林工人的精心养护下已经树干挺拔、枝叶茂盛了，与其他行道树种相比有过之而无不及。每年看着它们由光秃秃的枝条冒出点点绿意，再到绿意盎然，然后是绿色的叶子变成一把把金色的扇子，又似黄色的蝴蝶在起舞翻飞，我总禁不住会捡起几片较完整的扇形叶回家，夹在书本中作为书签。银杏叶有细长的叶柄，多数叉状并列细脉，在宽阔的顶缘多少具缺刻，宽5～8厘米，形态简洁美丽。长在树上时往往是3～5枚呈簇生状，有时我将遗落在地上的、带叶的枝条修剪一下，插在家里的花瓶中，作为一种点缀也很有味道。

秋天的银杏枝条

秋天参天的银杏

每到秋季，黄绿斑斓的扇子下悬挂着一颗颗金黄色的椭圆形"果实"，我就不免开始有些担心了。因为每当"果实"泛黄成熟时，就会有许多居住在周边的居民拿着长长的竹竿打下这些"果实"，破坏这种大自然给人们带来的美的享受。其实这些"果实"有着不为人知的秘密。银杏的"果实"是它的种子，常见的外面包被的肉质部分是它的外种皮，它没有果皮。种子具长梗，下垂，常为椭圆形、近圆球形，去除外种皮就是我们在食品店或药店里买到的白果了。白果外面包被的是假种皮，呈骨质，白色。白果味甘略苦，有较高的食用和药用价值。

挂满枝头的银杏"果实"

落地成熟的银杏"果实"

落满地的银杏叶

世博园的银杏树，每棵树上都挂有一个身份证，从号码看，有几千棵。树之间前后相离约有十步左右，孑然而立。每到冬季，金色的叶子纷纷掉落时，感觉有千万只蝴蝶翩翩降落，场面甚是壮观。第二天早上，迎着微微泛红的晨曦一眼望去，马路上铺满了金黄色的银杏叶，就好比走在金色的地毯上，一眼看不到头。而光秃秃的树干在寒风中更给人一种坚韧与沉着的感觉，给人百折不挠、勇往直前的动力。"古柯不计数人围,叶茂枝孙绿荫肥。世外沧桑阅如幻,开山大定记依稀。"或许几百年过后,物是人非,后人在世博大道旁的参天绿荫下读着乾隆皇帝这首《银杏王》,一定更耐人寻味,令识者振奋。

走近东滩湿地，遇见最美候鸟

张正国

惟有理解，才能关心；惟有关心，才能帮助；惟有帮助，才能都被拯救。

　　崇明有西沙湿地和东滩湿地,这大概很多上海人都知道,但是知道崇明东滩湿地既是一个国家级鸟类自然保护区,又是国际重要湿地,还是东亚—澳大利西亚候鸟迁徙路线上重要的候鸟迁徙停歇地和越冬栖息地的人就不多了。通过与学生的攀谈,我也了解到,学生们对于东滩湿地以及东滩候鸟知之甚少,这不能不说是上海青少年环境教育的一种缺失。

　　东滩湿地是离上海市区最近、最贴近大自然的课堂,是那么生动形象的、活生生的教材。作为上海市科技教育特色示范校,一年一度的学生科技冬令营活动是我校科技教育工作的一大特色。冬令营活动正值冬季,也正值候鸟在崇明东滩越冬。所以,尽管天气寒冷,北风呼啸,但赴东滩观鸟却正当时。故此,有了此次崇明东滩的观鸟之旅。

科技冬令营全体师生合影留念

原始天然的气息让人向往

　　1月20日中午,我校师生一行近四十人在崇明瀛东村用过午餐,便乘坐大巴前往保护区。车辆行驶在东滩并不宽阔的道路上,两侧是早已完成了收割的水稻田,经机械收割后留下的半截水稻秸秆一直延伸到远方。不同于城市中的钢筋水泥大楼,车窗两侧是一望无际的田野,让学生们兴奋不已。大巴驶向东滩腹地,跨过延堤河大桥,开上"九八"大堤,大堤的右侧便是大片的湿地和成片的芦苇,这种原始、天然的气息,让久居城市、脱离自然的学生感到新鲜和向往。透过车窗,可以看到一些鸟儿或在空中游弋,或在芦苇荡内休憩觅食,这更激发了学生们的兴趣。车上顿时热闹了,你一言我一句地讨论着,并不时观察着车窗外芦苇荡中鸟儿的动向。不知不觉中,保护区科普教育基地到了。

下车的一瞬间,大家都感受到了寒潮的威力,寒气逼人,北风呼啸。大家伙儿戴好帽子、围巾、手套,全副武装之后,便来到保护区大石头前集合。此时,展现在大家面前的是大片大片的金黄色的芦苇,一直延伸到远处碧蓝的天空。几幢形态各异、但色调与芦苇一致(相信这是为了不引起候鸟的警觉)的木屋错落有致、若隐若现的点缀在成片的芦苇荡中。几条一直延伸到远处的木栈道隐秘于芦苇丛中,将木屋连接起来。这样的画面不禁让人想

掩映在芦苇丛中的东滩湿地展览馆

起了法国著名自然主义画家米勒的油画。相信如果你身临其境，一定会被眼前的美景所震撼。东滩湿地的美就这样油画般静静的舒展开，等待着人们去欣赏，去感悟。

东滩护鸟人的故事让人感动

我们师生一行沿着木栈道走向芦苇荡深处。密密层层的芦苇，碧蓝碧蓝的天空，还有远处上下翻飞的候鸟，大家忙不迭得掏出相机、手机，拍个不停，生怕错过了眼前的美景。在保护区科教基地一号展馆短暂停留参观之后，我们来到二号馆。二号展馆内陈列着部分东滩湿地的鸟类及动物标本，还有鸟巢、鸟蛋、鸟类肢体、鸟类骨架等标本和模型。在保护区甘老师的介绍下，同学们听得仔细认真。

二号馆里的公众休息室内配备了多媒体设备，甘老师特地为我们播放了两部纪录短片。一部是反映东滩保护区发展历史和成就的，另一部是介绍保护区汤臣栋主任和金伟国师傅的。通过纪录片，同学们对东滩有了更加深入的了解。东滩湿地是候鸟的天堂，已记录到的鸟类达 200 多种，其中属国家级保护的珍稀鸟类有东方白鹳、黑鹳、白头鹤、白枕鹤、黑脸琵鹭、小天鹅等 34 种。每年在崇明东滩过境、中转、和越冬的水鸟总数逾百万只。

让学生们印象深刻的是介绍保护区汤臣栋主任和金伟国师傅的纪录片。为了使东滩的环境更优良，为了让东滩的鸟儿更自由，两位护鸟人十几年来携手合作，并肩作战，为保护区的建设付出了许多心血和汗水，换来了丰硕的成果。保护区于 1999 年被湿地国际亚太组织接纳为"东亚—澳大利西亚迁徙涉禽保护区网络"成员单位；2002 年，保护区被国际湿地公约指定为国际重要湿地；2005 年，保护区晋升为国家级自然保护区；2006 年，保护区荣获"国家级示范自然保护区"称号。纪录片中一幅幅精美的画面、一张张候鸟的照片、一段段精彩的采访，同学们看得入神，听得认真。看到精彩处,大家会心一笑。让大家印象最为深刻的是金伟国师傅。金师傅是崇明岛本地人,身怀鸟哨绝技,能用一个简单得不能再简单的竹哨,吹出 30 多种鸟叫声,而且每一种鸟叫声都包含着鸟的喜怒哀乐。他可以根据鸟在飞行、觅食、求偶时的不同状态,与水鸟们交流对话。靠着鸟哨,金师傅成了远近闻名的捕鸟高手。后来,在汤主任动员下,金师傅加入保护区工作。同样还是靠着金师傅的鸟哨,东滩鸟类保护区成为国际鸟类迁徙网络成员单位中鸻鹬类单点环志量最多的站点之一。每年有 3 000 多只候鸟在这里做环志,记录它们在世界各地的迁徙足迹与生长状况。金伟国师傅曾以能捕到很多的鸟而自豪,到如今能为保护候鸟而感到自豪,从"捕鸟人"变成了"护鸟人",我想这就是东滩鸟类保护区工作成效最生动的写照。

展厅里,同学们认真观察每一个鸟类标本

候鸟齐飞的画面让人震撼

此次观鸟活动最让学生们激动不已的是看到了群鸟齐飞的画面。为了给参观者提供一个近距离观赏候鸟的平台，在二号展馆外面特别设置了一个观鸟平台。看完东滩候鸟纪录片之后，在甘老师的带领下，大家来到了观鸟平台。

观察、拍摄水塘中的各类候鸟

展厅外的平台上，师生们利用双筒望远镜观察候鸟

平台不远处的芦苇丛和池塘中有许多大小不同、颜色各异的候鸟，它们或嬉戏，或游弋，或觅食。碧蓝如洗的天空，波光粼粼的池塘，还有随风摇曳的芦苇，再加上活泼灵动的候鸟，这样的画面仿佛离大家很远，但是现在却真实地展现在大家面前。抑制不住内心的激动，顾不得呼啸的北风，同学们纷纷拿出手机、相机和望远镜，在芦苇丛中、在水面上搜寻着鸟儿。每当看到一种鸟儿的时候，大家都兴奋不已，呼唤小伙伴们一起来欣赏。为了让同学们有一个更好的观鸟体验，我还特地随身携带了两个大口径单筒观鸟镜，而此时就是发挥其作用的最佳时刻。在平台上，我和几个学生支好三脚架，装上单筒镜，瞄准池塘中的鸟群，调整好焦距，鸟儿的画面清晰地出现在目

镜中。有了这样的观鸟神器，同学们自然都不愿错过，大家纷纷涌上前来，通过目镜跟鸟儿们来了一次"亲密接触"。借着同学们高涨的热情，我和甘老师教大家认识了绿头鸭、罗纹鸭、凤头䴙䴘、鸬鹚、小白鹭、骨顶鸡等城市里不常看、但现在却真实地出现在大家面前的鸟类。

芦苇丛上空成群翻飞的野鸭

不知何故，芦苇丛中数以百计的野鸭群忽然间腾空而起，上下翻飞，由远及近，黑压压一片，场面壮观，让人难忘！极目远眺，茫茫芦苇丛的远处也有鸟群在天空中盘旋，此起彼伏，时隐时现。相信这样的画面，同学们是不会忘记的，因为他们亲眼看到了群鸟齐飞，看到了排成人字形的鸟儿从头顶飞过，看到了远处的鹤群优雅地穿过夕阳的余晖，落在远方的田野中。

候鸟传奇的故事让人震撼

如果说户外平台上的观鸟活动是感性认识，那么，四号展馆内的鸟类标本展示就是直观认识和理性提升的结合。

走进四号展馆，同学们就被馆内品种丰富、形态各异、栩栩如生的鸟类标本吸引住了，一个个都凑到巨大的玻璃展柜前，专注地欣赏着各种鸟类标本，并尝试着记住它们的名字，杜鹃、戴胜、绿头鸭、秋沙鸭、鸬鹚、苍鹭、凤头、金眶鸻、环颈鸻、黑翅长脚鹬、半蹼鹬等。可能是从来没有这么近距离地看到过如此多的鸟类，同学们兴奋之情溢于言表，看到漂亮的、可爱的鸟儿都忙不迭掏出手机拍照留念。

标本虽然是"死"的，但是每一个标本的背后却都蕴含着丰富的信息，甚至是动人的故事。看着同学们兴致勃勃的样子，我选择了其中的几个鸟类标本，跟大家分享标本背后的故事。首先，我带同学们走到震旦鸦雀标本前，它不像孔雀那么娇艳，也没有天鹅那样高贵，麻雀大小的身躯在众多标本当中实在是不起眼，常常被人忽视。但是，震旦鸦雀的来头却不小，它是中国特有的珍稀鸟种，被称为"鸟中熊猫"。它的名字也非常中国化，古印度称华夏大地为"震旦"。震旦鸦雀的活动区域是在芦苇丛中。它生来好动，飞行迅速，经常在芦苇里跳来跳去。尾巴不足 20 厘米，但是娇小的身躯却长了一张短粗的大嘴，样子实在是娇憨！这其实跟它的食性有密切关系（结构与功能相适应），因为它要啄开芦苇秆，吃躲藏在里面的虫子，所以震旦鸦雀有"芦苇中的啄木鸟"之称。

震旦鸦雀旁是一只黑翅长脚鹬。同学们从小就听过鹬蚌相争的故事，但是真正见过鹬的人恐怕不多。所以，当我引用这个成语作介绍时，许多同学都围了过来。黑翅长脚鹬是鹬类中的"长腿娘子"，它身着洁白羽衣（白色的羽毛），背系黑色披风（黑色的翅膀），迈动鲜红的双腿在水边优雅踱步，虽然谈不上鹤立鸡群，却也亭亭玉立，气质不凡。黑翅长脚鹬的英文名"stilt"就是"高跷"的意思。

最精彩的往往都在最后。在重点介绍、讲解了几种水鸟之后，我把同学们集中到了一种叫作斑尾塍[chén]鹬的水鸟标本旁。它长脚，长嘴略往上翅,羽毛是灰色的,个子不算大,体长和成年人的半个手臂差不多,体重不到500克。看上去普普通通的斑尾塍鹬,却可以完成不可思议的旅程,创造鸟类飞行的神话。我跟同学们介绍到:"2007年9月,一只代号为'E7'的斑尾塍鹬名声大噪,让不少生物学家大跌眼镜。通过卫星跟踪定位,科学家们发现这只名为'E7'的雌鸟用了8.2天的时间,不吃不喝不睡觉,连续不停地飞了11 587千米,斜跨太平洋,从美国阿拉斯加直飞到了新西兰,创造了鸟类不间断飞行的最长纪录。"同学们听完介绍,都惊讶于这么一种不起眼的候鸟竟然有如此强悍、神奇的飞行本领,纷纷向我提问它是如何做到的。我紧接着给大家介绍了斑尾塍鹬飞行前的充分准备工作,包括大量摄食、存储脂肪、压缩内脏、增加体重等。飞行中两个大脑半球轮流休息,利用白天的阳光和夜间的星光导航,借助高空气流提高飞行效率。我还告诉学生们,即便有上述优秀的身体素质,上万千米的长距离连续飞行也仍然是辛苦的旅行。等它们到了目的地,体重基本上减少了一半。在途中也有同伴因遭遇天敌或体力不支而死亡。最后,还特地为同学们补充解释了候鸟为何要不远万里,远涉重洋,迁徙到远方。

翱翔于东滩湿地上空的大群白头鹤

鸟类是大自然的精灵，候鸟的迁徙更是神奇，听完这一个个故事，相信同学们会爱上这些可爱的飞翔精灵。

观鸟而爱鸟，爱鸟而爱自然，爱自然而爱生活。我想，这才是此次走进东滩湿地、寻找最美候鸟活动的意义。最后，真心祝愿东滩保护区建设得越来越完善，东滩爱鸟、护鸟者的队伍越来越庞大，东滩的鸟儿越来越自由。

来自远方的客人
——铁嘴沙鸻

景小军

又到了鸟类迁徙的高峰期。一个周末的早晨，我带着相机，来到了金山的海边，守候着那些远道而来的鸟类朋友。金眶鸻、铁嘴沙鸻、黑腹滨鹬……

突然，一只特别的铁嘴沙鸻映入眼帘——它的脚上有一条特别显眼的黄蓝色带子,上面似乎还有字。我先拍了一张照片,放到最大还是看不清楚。于是,我猫着腰,小心翼翼地靠近。这只铁嘴沙鸻特别谨慎,吃两口马上抬头看看前方。它一抬头,我马上静止不动,就像小时候玩的木头人游戏一样。这样反复了几次,我们的距离逐步缩短。不过,由于它的谨慎,进展缓慢,照片放到最大还是看不清上面的字。苦于害怕惊飞它,我也不敢轻举妄动。

金山海边,对面为大金山岛

偶遇铁嘴沙鸻

正在焦虑之时,情况有了转机。这只铁嘴沙鸻抓到了一只泥蟹,拼命地甩着头,想把蟹爪折断,逐步蚕食。

冲向猎物

思考从何下嘴

叼起食物

寻找安全点准备美餐

摔打泥蟹

享受美味

　　我趁机快速推进了好几米距离,终于拍清楚它脚上黄色标志物上的文字——英文字母"EV"。我不由得想起了以前观鸟时,大神们讲起过的通过给鸟类做环志来了解鸟类迁徙路径的事,莫非这就是传说中的环志?为了不影响它觅食,我没有继续前进去追求数毛版的照片,又在原地拍摄了一小段视频后,把照片传到手机上,并分享到了观鸟爱好者微信群。没想到这张照片引起了鸟友的广泛关注,后来一位鸟类研究专家专门联系我,了解这只铁嘴沙鸻发现时的具体坐标、发现时间等信息。我也从专家这里证实了这确实是环志，是澳洲达尔文港的爱鸟组织做的环志。他了解相关信息是为了汇报给达尔文的观鸟组织这只铁嘴沙鸻的动向。

没想到这小小的环志蕴藏着这么多信息！我赶忙拿来地球仪，找到了达尔文的位置。达尔文和金山海边中间隔了浩瀚的海洋，直线距离至少4 800千米，这只铁嘴沙鸻居然连续飞行了至少 4 800 千米来到金山海边补充食物。我突然有一股莫名的担忧和悲伤，如果有一天，当我们的海边环境被严重污染了，滩涂全部被开发了，建满了工厂……成千上万只像铁嘴沙鸻这样的水鸟，从遥远的地方，不吃不喝，日夜不停，艰辛地飞到它们曾经熟悉的湿地或滩涂，饥肠辘辘地准备饱餐一顿时，会出现怎样的情况？

课堂上和学生讨论过类似的场景，当时学生笑着说："会很绝望。"我紧接着问他们："然后呢？它们还有力气再去寻找一个、还能再找到一个能让它们饱餐一顿的地方吗？"学生在下面窃窃私语。我说："然后将会有数以万计的、远道而来的鸟被活活饿死。"学生沉默了。希望这样的情况永远不会出现。

"大鸟"进去 小鸟出来

陈 虎

鸟类的自然观察,简称"观鸟",最早起源于英国,英文作"birds watching"。刚开始时是英国贵族的娱乐活动,后来慢慢演化为娱乐与科学研究相结合的活动。我从2013年开始观鸟,渐渐地喜欢上了这项活动。

那年暑假,我在乐清的雁荡山附近参加培训,同行的老师里有几位对鸟类的自然观察充满兴趣,于是,每天的清晨和傍晚便成了我们必须抓住的观察机会,而这个时间段也正好是鸟儿活动的活跃期。

来到驻地的第二天,早上的5:15,我们五个"birds watcher"就出发了,沿着附近的山区公路慢慢地徒步做观察。首先邂逅的是鹊鸲,然后是珠颈斑鸠、麻雀、远东山雀(那年的名字还叫大山雀)、小燕尾……太阳渐渐升起,看到的鸟儿也在不断增加。我们五人观鸟起始时间各不相同,对于鸟种的认知积累差异也很大,每个人心中也都有各自的期待。一路上,

红嘴蓝鹊

有愉快的闲聊,更多的是关于鸟儿的那些事。突然,我们被一种鸟儿响亮而特别的叫声吸引。循声望去,我们看到了在浙江山区很常见的红嘴蓝鹊,这是一种大型鸦类,体长 54—65 厘米,嘴、脚红色,头、颈、喉和胸黑色,头顶至后颈有一块白色至淡蓝白色或紫灰色块斑,其余上体紫蓝灰色或淡蓝灰褐色。不过,我觉得它最突出的还是尾羽,成体的尾羽大约有 20 厘米长,布满黑白的斑纹。我在农村听到过有农人叫它凤凰鸟,可见其飞翔时甚是好看。

寿带

楼顶、电缆、枝头、天空……只要是有鸟儿的地方,都留下过我们关注的目光。就在大家沿着公路边走的时候,突然有人叫了一声"寿带"。顺着指引,其余几人都看到一只"大鸟"拖

着长长的尾巴飞快地飞进距离公路边约5米外的柏树苗中,想要看个仔细时,已经来不及了,这是观鸟人常常遇到的遗憾。抱憾而去是常事,可是这次我们不想轻易放弃。因为它就在离路边很近的树中,只剩下等!我们手持望远镜、照相机,排好队形,像是迎接明星一般。寿带正是我心中期待能看到的一种鸟。雄鸟有两种色形,体长连尾羽约30厘米,头、颈和羽冠均具深蓝辉光,身体其余部分白色而具黑色羽干纹。中央两根尾羽是身体的四五倍,形似绶带,故名寿带。雌鸟较雄鸟短小,体态美丽,体型似麻雀大小。树中的寿带什么时候会飞出来呢?没人知道,我们唯一能做的就是端着器材坚持。就在快放弃的时候,突然有鸟飞出来了,但不是寿带,因为它比飞进去的寿带小得多,颜色是麻栗色的。"什么鸟?""没看清楚!""速度太快了!"……既然寿带没有出来,只能接着等!我们继续端着器材,里面的寿带却总也不出来,可是我们待会就要去听课了,心里真是急啊!就在这时,我们竟然又看到一只寿带拖着长尾巴飞进了同一棵树,可惜依然没人看清楚或拍下来。这只新到来的寿带使得我们决定再等一等,争取看到它。可是过了一会,出来的依然是一只麻栗色的小鸟。这次我们看清楚了,是白腰文鸟!寿带呢?就在大家焦急等待的时候,又一只寿带飞了进去,重复发生的也依然是很快又飞出一只白腰文鸟,这是什么情况?小小的一棵树苗里竟然藏了这么多文鸟,进去的寿带在里面干什么呢?大家实在是被这奇怪的现象吸引住了。这树里到底还有多少只鸟呢?为什么寿带要把文鸟"赶"出来呢?在大家再次端好器材做好准备后,我轻轻地来到这棵树苗边。树苗比一人略高,径围大约1米左右,站在树边,透过不算太茂密的树叶,基本能让我把内部看个清清楚楚。这时我看到令人惊讶的情景——小树里没有寿带的踪影,一只也没有!得知这一消息的其他人和我一样一头雾水,毕竟我们确实看到飞进去三只寿带,五双眼睛一起盯着,不可能它们飞走了我们却不知啊!当然,树里也没有文鸟!难道这棵树是寿带的百慕大?

　　上午的培训就要开始了,我们不得不带着遗憾与疑惑开始往回赶。遗憾的是,有这么多寿带,就是没看清楚,也没时间看了;疑惑的是,那么多寿带为什么就不翼而飞了呢? 就在我们唏嘘不已要转身离开的时候,寿带又来了,依然拖着长长的尾巴,飞进了那棵神奇的小树。不过,这次因为大家已经放弃了继续观察的念头,不再高度紧张地端着器材瞄准那棵树,在放松的状态下终于看清楚了这只"寿带"的细节——一只拖着长长的茅草的文鸟! 哦,原来是一只正在筑巢的白腰文鸟,难怪总是"大鸟"进去,小鸟出来。我们大笑起来,这只文鸟正好给我们上了一堂"文鸟的筑巢行为公开课"。后来想想,假如那天能有空静下心来好好观察它的行为,该是多么有趣的一件事啊! 自然肯定是生命科学学习的最好课堂!

衔枝的白腰文鸟

　　越想看清楚,却越看不清楚的"墨菲定律"在这次观察经历中展现得淋漓尽致。观鸟如此,生活里不也是这样吗? 一次观鸟,还能嚼出这样的味道,也许是太过矫情了。

奇妙的偶遇

景小军

冬天的枞阳，苍苍茫茫，带有一些萧瑟，既没有春天的姹紫嫣红，也没有夏天的绿树浓荫，更没有秋天的硕果累累，似乎没有什么看头，甚至是无趣的——是的，对于大多数当地人来说是这样的。过去的我——在没有观鸟爱好之前，也是这样认为的。而今，当我走在枞阳的郊外，行走在一片一片池塘、田地之中，眼前不时掠过一只只鸟的倩影，耳边不时响起一声声鸟的鸣叫，心中也不时泛起一阵阵欣喜。

　　咦，飞过了一只通体黑色并缀以白色细纹的鸟，好特别的鸟！我不由得架好相机，紧紧盯住它。只见它敏锐地观察着水面，忽然它似乎看到了猎物，犹如十米跳板上的跳水皇后，长嘴朝下，箭一般地俯冲下去——好美的姿态！以迅雷不及掩耳之势，叼起了一条鱼。衔着小鱼，它展翅飞到水边的竹竿上，目视右方，似乎在想些什么。

高空俯视，寻找猎物

抓到猎物，停杆休息

　　突然，它飞起来了，径自向右飞去，又停下了，悬停在那里，似乎在找什么。在一条小河上，几根枯枝之间有一根竹竿，上面竟然还有一只，正张大

送给心爱的"她"

高空"献爱"

着嘴巴。空中的那只往下飞了一点,悬停了下来,调整好角度,小心翼翼地将嘴里的鱼放进了竹竿上那只的嘴里。

这是什么鸟?为什么会喂食?我调整好焦距,仔细看那鸟。长嘴,冠羽,翅膀上黑白相间,腹部白色,胸部有两条黑色胸带,其中前面一条较宽,后面一条较窄,这不就是传说中的斑鱼狗吗?斑鱼狗生活在不同的栖息地,如湿地、大型水库和湖泊、沿沟附近的公路、村庄的池塘边、缓慢的河流边、稻田、淹没区和沼泽……枞阳这里的地理环境正好适合。斑鱼狗又以高超的捕鱼技术闻名,能够悬停于空中。现在它不就是悬停在空中吗?

那么,它为什么会喂食呢?雄的斑鱼狗是有两条黑色胸带的,那么,空中的那只就是雄的了。那停在竹竿上的那只呢?斑鱼狗是成对或结群活动的,而且斑鱼狗的繁殖期为 3~7 月,现在是 1 月底,应该不是幼雏,那么就是雌鸟了。现在雄鸟送鱼给雌鸟,不就是在求偶吗?鸟类的求偶方式各异。有些鸟类拥有一副天生的"金嗓子",就尽情歌唱,向配偶表达爱意。大多数鸣禽的雄鸟,如黄鹂、云雀、画眉、百灵等,在繁殖季都能唱出婉转动听的曲子,"百啭千声随意移"。甚至有些不善于鸣唱的鸟类,也通过身体某部位的特殊结构发声来求偶,如啄木鸟敲击枯木,发出一连串声响来吸引异性,"闲闻啄木鸟,疑是打门僧"。有些鸟类,通常是雄鸟,拥有美丽的羽毛,就通过靓丽多彩的体色来吸引异性的目光,赢得芳心。如孔雀,"一身金翠画不得",展开尾屏,炫耀美丽,吸引异性雌雀的注意。又如红腹角雉,雄鸟羽色非常艳丽,颈下还生有一块图案奇特的肉裙,色彩绚丽,夺人眼球。再如军舰鸟,在繁殖期喉囊特别发达,雄鸟极力膨胀红色喉囊,摇摆身躯,向雌鸟求偶炫耀。再如华美极乐鸟,更是不惜面子,极尽献媚之能事,主动跳起舞蹈。而斑鱼狗作为捕鱼高手,它的求偶手段当然是送上鲜美可口的鱼了。真是太奇妙了!献上"定情礼物"之后,雄鸟展开翅膀,再次飞上空中,似乎在说:"看!我可是捕鱼小达人哦。你等着,我再去捕一只。"雌鸟淡定地吃着鱼,傲娇地看了一眼雄鸟："小样,还不错! 不过,要得到我的芳心,你还需要再加把劲哦!"

为"爱"再次出发

　　我真庆幸自己走上了观鸟之路,不仅放松了身心,多了一份乐趣,更让我感受到了生命的多姿多彩,大自然的神奇。

我爱福州的榕树

陆燕凤

那年暑假,我有幸对福州进行生态考察。走进福州,令我感受最深的是榕树。大街上,老巷中,广场上,院落里,随处可见百年巨榕的身姿。绿意盎然,绿荫广覆,千姿百态的榕树,从容的生存姿态,别有风韵的根须,让我印象深刻。这是福州独特的印记。

榕树巨大的树冠

别有风韵的根须

　　榕树原产于热带亚洲，以树形奇特、枝叶繁茂、树冠巨大而著称。枝条上生长的气生根，向下伸入土壤，形成新的树干，被称为"支柱根"。榕树可达30余米高，并向四面无限伸展。其支柱根和枝干交织在一起，形似稠密的丛林，可谓"独木成林"。

　　福州种植榕树的历史可追溯到宋朝。北宋治平三年,太守张伯玉亲自在衙门前种植榕树 2 棵,并号召百姓种植,之后的福州满城绿荫蔽日,呈现"绿荫满城,暑不张盖"的景象。榕树便成为福州古城的风貌特征之一,福州就有了"榕城"之美称。榕树四季常青,枝荣叶茂,雄伟挺拔,生机盎然,象征着福州的城市精神风貌。

　　福州的榕树有 16 万株以上,分布在全城各个区域,景观奇特、形态优美。在福州现存的 62 个种 1 455 株古树名木中,榕树就占了 20 多种 885 株。其中上百年的约 600 株,上千年的有 6 株。这些榕树中有的造型千奇百怪,有的富于传奇色彩。寿岩榕、人字榕、龙墙榕、编网榕、合抱榕等古榕、名榕、奇榕都具有很高的观赏价值。位于森林公园中的一株古榕树为榕树之首,被称为"榕树王"。福州历史遗迹旁一般都有古榕,如思儿亭、严复故居等,可谓是"一树一景点",形成具有名人效应的旅游景观资源。

　　如果说没有古树的城市就没有历史,那么,福州城因着它的榕树,一定算得上是历史厚重了。福州人对榕树也怀有深厚的情感,榕荫下纳凉、攀讲、戏儿孙,一幅幅人与榕树和谐相处的风俗画,展示着福州人温馨闲适的生活。

人与榕树和谐相处

　　榕树是福州的市树,千百年来与福州的发展历史紧密相连。它枝繁叶茂,苍劲挺拔,荫泽后人,造福一方,在调节气候、绿化环境中发挥了重要作用。它还具有顽强的生命力,不论是多么贫瘠的土地,甚至是乱石破崖,它都能破土而出,盘根错节,傲首云天,象征着不屈不挠的福州人精神。

　　我爱榕树那种独特的美,它美的真实。它虽不能开出美丽的花,不及柳树的翠色欲滴,也不及枫树的赤如火焰,更不及艳丽花儿的争奇斗艳,但它把美深植在福州人的心中。道路旁的一棵棵苍天大榕,足以构成一道亮丽的风景线。

　　我爱榕树,不仅爱它的美丽,它的壮观,更爱它那种不怕狂风暴雨的气魄。刮起台风来,有些大树被连根拔起,甚至有的房子被风掀倒,唯独榕树稳如泰山。这种巨大的定力来自它发达的根系。它的根埋藏在地下,好似一条条地下通道,四通八达,通往地下各个地方,充分吸吮养料,为榕树的生长提供足够的养分。榕树能成为一个个"千岁寿星",和它不与世争的精神是分不开的。我爱福州的榕树。

福州植物小记

邓无畏

　　1981 年为写毕业论文，我曾跟随老师在紧邻福建的庆元县大山里待了二十多天，爬山钻沟调查植物。三十多年过去了，虽然自己对大部分调查过的植物已趋陌生，但那具有明显华东南缘山地植物区系特征的植物和完好的生态环境依然给我留下了深刻印象，常想能否有机会再重走一回这些地方。

　　2014 年夏季，当我们一行十八人踏上福州的土地，一种似曾相识的感觉油然而生。看着满是青苔或地衣的树干，树林下湿润的山地表面长满了各种小草、野花,有直立的,攀爬或匍匐的,竞相往路旁伸展。还有各种昆虫、蜘蛛和鸟儿。那些早已远逝的植物名字会突然闪现在我的脑中。这一切都令人兴奋不已,顿时感到自己年轻了不少。同行的青年教师都说我精力、体力甚佳。整个行程时间很短,只能蜻蜓点水般考察、浏览一番。这里留下点简单的植物观察感想。

福州是福建省最大的城市,它的经济繁荣状况虽然不能与上海相比,但它被青山簇拥,碧水穿城,处处鲜花,时时鸟鸣,有着丰富多彩的动植物和各种生态类型,足以吸引我们这些久居大都市的生物教师了。在车上,有人说福州四季有花,四季有水果。还有人夸张地说这里的芒果就长在你头顶的树上,熟了随时会掉下来砸到人。到达旅馆的当天下午,我们散步在闽江畔的大路旁,路旁的行道树居然是芒果树。这种生长在年均气温 20℃以上,最低月气温 15℃以上的热带植物,苍翠、伟岸、挺拔,傲视着脚下奔流不息的闽江之水。突然,树上的芒果掉了下来,我们这群老师竟像儿童般雀跃,去品尝"天上掉下来的馅饼"。福州的树木、花卉多是南方的喜暖植物,榕树、鸡蛋花、朱蕉等到处可见。走入山林,踏上海岛,自己那些可怜的植物分类知识就不够用了。好在同行的人中有好手,再加上高科技手机网络查询的支持,我的收获还是很大的。

芒果树居然是行道树

鸡蛋花

菜豆树

福州地处南亚热带季雨林地带和中亚热带照叶林地带的过渡区,植物区系以泛热带分布为代表,热带亚洲和东亚分布也占有较大的比例。这里生长着在上海看不到的物种(如榕树、假槟榔等)。还有些植物在上海是暖房的娇客,在这儿却脱胎换骨,焕然一新,像南洋杉、橡皮树、鹅掌柴(鸭脚木)、幸福树(菜豆树)等,在这儿都昂首挺立,令人刮目相看。俗语"一方水土养一方人"也许是对生物进化、适应环境的最形象的诠释。

这次考察,无论是冒雨穿行在云顶的峡谷中,还是顶着烈日在闽江入海口的海堤沙滩上寻觅,又或是匆忙奔走在意料之外的考察佳处——福州植物园,大量的植物种类无暇仔细观察,只能遗憾地匆匆而过。有些植物久闻大名,如相思树(台湾相思)、红豆杉以及两面针,可真的到了眼前,却相逢不相识;有些花卉曾在植物摄影中看到过而有些印象,当目睹其真容时,兴奋又如释重负。在植物园看到龙吐珠、红背桂是这样,辨认出希茉莉(希茉莉原产于热带美洲)是这样,在闽江江畔的绿地中看到似繁星般绽开着淡紫色小花的细叶萼距花更是这样。

两面针

希茉莉(叉尾太阳鸟停歇于上)

龙吐珠

　　"长在树上的番茄"对着一株标牌为"双色木番茄"的植物,我们有些发愣。它那风姿绰约的花朵好像正对着我们笑,不看标牌真不相信居然是这个名字。至于以后结怎样的果实我们就无法知晓了。这次福州之行我们见识了不少新的、令人印象深刻的植物。闽江入海口的沙堤、海滩上到处攀爬盛开着的"喇叭花",它们不畏烈日,不惧盐碱沙砾,碧绿的叶子恰似"马鞍"。回沪后,有老师查到这原来是马鞍藤。还有叶形奇特的垂序鹅掌柴、琴叶珊瑚以及深藏山林的野牡丹、地菍等一些美丽的野花,都使我们惊喜。我们期盼着这些野花能移住上海,为都市添彩。

马鞍藤

琴叶珊瑚

地菍

野牡丹

物华天宝,人杰地灵,美丽的福州给我们留下了太多念想。

故乡的黄榆

李 丹

作为一个东北姑娘，来到上海工作，回家的时间越来越少，然而，距离的长远、岁月的风霜却并未模糊故乡的模样，故乡的一草一木、一山一水还是那样清晰地印刻在我的脑海中。每次回乡探亲，我都会来到向海，找寻记忆中的山山水水、草草木木。

说到向海（准确地说，应该叫向海国家级自然保护区），大家首先想到的便是丹顶鹤。这里是国际重要湿地，世界闻名的鹤乡。然而在我的心里，却更为偏爱向海的黄榆。身形并不高大的黄榆,或三五成群,或独自矗立在向海的沙丘、沼泽和荒原。它们如同造型各异的盆景,千姿百态地镶嵌在向海湿地。弯曲的树干,苍劲有力,透露着倔强与顽强;浓密的枝叶,郁郁葱葱,展示着勃勃生机。那一棵棵、一丛丛、一片片的黄榆,正是我心里故乡最为清晰的身影。

起飞的丹顶鹤

　　小时候,每每置身于黄榆林,父亲总会告诉我,这些茁壮的黄榆树都已是百岁高龄,它们一直在守护着向海这片美丽的土地。我总会新奇地跑到路过的每棵树下,一路欢快地跟每个"树爷爷"打招呼,轻轻地拍拍那遒劲的树干,仔细地端详它们各异的形态,静静地聆听树叶在风里沙沙作响。我也总会问:"你们为什么会来到这里?""你们冬天怕不怕冷?""你们为何会如此的千姿百态?"直到许多年后,我成为一名生物老师,才真正有了答案。

　　向海的黄榆,全称蒙古黄榆,落叶乔木,是第四纪冰川时期的孑遗物种,系世界珍稀树种,我国独有树种,为国家一级保护植物。由于黄榆生长非常缓慢，加上人类活动的破坏，自然环境的变化，黄榆已属濒危物种。向海的黄榆林目前为世界最大的黄榆植物种群。

黄榆种群

黄榆生长期很长，翅果，靠种子繁殖，根系发达，生命力极强，扎根荒漠沙丘。或许是很久很久以前，一阵风吹来了一粒种子，抑或是丹顶鹤衔落了一枚种子，黄榆便在向海深深地扎下了根，在这里开枝散叶，开花结果，生生不息。

黄榆耐寒抗旱，品格坚毅。向海的冬天往往非常寒冷，极端最低气温可达−40℃，夏天又时常干旱，降雨量甚至少于100毫米，黄榆凭借着自己媲美沙漠胡杨的优异品性和不屈精神,适应了恶劣的自然环境,成为这片土地的守护者,庇护着许多在此繁衍生息的生物。也正是这样恶劣的环境,造就了黄榆的千姿百态。为了适应环境,黄榆选择了放低身段,坚实枝干,有些甚至呈现出灌木状,自然而然成为让人惊艳的天然盆景。

大片的黄榆林

由于从小就对黄榆有着特殊的感情,每次回乡探亲,我总会留出一整天时间到黄榆林里走走停停。在树下席地而坐,听风吟唱大自然的故事;用手轻轻地触摸那刚劲有力的枝干,感受黄榆的顽强与坚毅;又或是倚靠在它们身上,细细回味儿时的美好。

随着科学研究的发展,人们对黄榆的了解越来越多。喜闻蒙古黄榆的人工栽培技术已获得巨大突破,黄榆这一濒危的古老树种也成为我国保护荒漠地区生态环境、治理荒漠地区沙化的先锋树种。古朴坚毅的黄榆将用它那并不高大的身躯,保护和妆点更多的荒漠,这何尝不是一种令人肃然起敬的伟大!

刚劲有力的枝干

　　每次看到这些黄榆的照片，都会勾起我对故乡的思念。也正因如此，我就更加喜爱黄榆，也希望自己能够学习和传承黄榆的品性、精神。我会一直在心底深深地祝福故乡和黄榆，明天更美好！

"野生梅花鹿之乡"
生态考察记

吕秀华

　　我的家乡在黑龙江腹地一个地处偏远的小县城——拜泉县。拜泉的名称来源于蒙古语"巴拜布拉克",意为"宝贵的泉水"。清光绪三十二年设县以前隶属于蒙古人巴桑的领地"依克明安"旗,人烟稀少,以游牧为生。曾有文人这样描述近百年前的巴拜清泉:

八拜清泉在利字三甲二十井,离县城八十里。二岭之间有泉涌出,汇为泽。泽旁有芦苇、香蒲等物。其余若天鹅、若仙鹤、若鸳鸯,以及鸭、雁、油獾,无不随波浮沉,点缀水面。每当霜露既降,泉水晶莹。即夏潦盛涨,一寸二寸之鱼潜伏水底,亦历历可数。洵乎天然佳景也。虽善画如玉,描写亦难尽致。有七言绝句:

一泓秋色碧于螺,汩汩清泉静不波;
陡讶鹭凫惊起处,有人高唱濯缨歌。

可见这里曾经地肥水美,一度是动植物的天堂。

回顾

亘古的原生态滋养了这片肥沃的土地,厚厚的黑土层腐殖质丰富。这里地处高纬度,全年三分之二的时间气温在零度以下,长时间的低温发酵出独特的土质。光绪三十二年前后,荒地开垦,拜泉独立设县,逐步由游牧区转为农垦区,"榛柴岗""艾蒿塘""不上粪""也打粮""棒打狍子,瓢舀鱼,野鸡飞到饭锅里"成为垦殖初期的真实写照。然而从 20 世纪 70 年代末期开始,无节制的开荒种田,严重破坏了生态系统的稳定性。由于毁林开荒,拜泉的森林覆盖率一度下降到 3.7%,昔日鲜草肥美、波光盈盈的草甸生态逐渐被漫无边际的农田生态取代,只留下斑驳的不适于种植的低洼地块。

拜泉地处小兴安岭余脉和松嫩平原的过渡地带,地形慢坡慢岗,村落大多建在高岗上。我小时候经常和小伙伴们成群结队地跑到村外约 1 千米远的沼泽地抓鱼、采花、捞蝌蚪。这里是小动物的天堂。厚厚的草甸,高高的芦苇,男孩子的最大兴趣就是找鸟窝、捡鸟蛋,女孩子追蝴蝶、采野花、挖野菜,漫山遍野的蒲公英和苦菜花映着一张张欢愉的笑脸,这片沼泽对于我们这些孩子,就像后花园对于作家萧红一样,是童年的乐土。随着人口增长,土地被开垦得越来越多,小村周围的斑块沼泽越来越小,加上被农民造房取土挖得千疮百孔,虽然依旧水光盈盈,但很多鸟类都飞走了。田鼠和野兔倒是有很多,因为周围不缺粮食作物。1958年,拜泉县被评为全国农业生产先进县。这里见证了"北大荒"变成"北大仓",但也迎来了每年春天沙尘的漫天飞舞。我上小学的时候,每年春天,家里条件好一点的女孩子都要戴纱巾去上学。记忆中,我透过五颜六色的纱巾看横飞的柳丝慢慢变绿。即使这样,也不能张嘴,否则沙子会透过纱巾钻进嘴里。但迎风招展的纱巾依然是我小学时的美好记忆。

20世纪80年代开始,拜泉县开始大面积的植树造林,走上了建设生态农业之路。我们学生也是植树造林的主力军,每年春天都要走出校园,走入田间,走上山坡,挖树坑,抬树苗,浇水,培土。经过20多年的不懈努力,全县造人工林120多万亩,森林覆盖率达到22.7%,生态环境发生了根本性的变化,整体水平在国内外处于领先地位。1996年,拜泉县的生态农业建设项目获国际生态工程一等奖;1999年拜泉县获得第三届地球奖;2001年拜泉县被联合国工业发展组织确定为"国际绿色产业示范区";2011年拜泉县被评为"全国水土保持先进县""全国造林绿化百佳县""全国生态农业建设先进县"。

今年冬天我又回到家乡,看到当年栽种的小树都已长成参天大树,还有幸看到一只野鸡在车子路过的田间低飞,仿佛又回到了"野鸡飞到饭锅里"的时代。

考察

2017年1月26日清晨,天气异常温暖(最高-10℃),在厚厚的羽绒服、雪地靴、帽子、手套的全副武装下,我和老同学们驱车驶出拜泉县城,沿着被整齐、参天的白杨树拥抱着的公路疾驰20多分钟,在拜泉县国富林场领导云龙的率领下，来到"仙洞山野生梅花鹿自然保护区"考察。

全副武装出发

　　八点三十分，车子到达林场办公基地，然后继续沿着被积雪覆盖的唯一一条只有两道车辙的窄路驶进仙洞山保护区大门。林场职工每天都要进山巡视，夏天每天三次，冬天每天两次，主要是查看鹿群的栖息状况。不过冬天还要定期往草料棚添加豆皮、豆秸等饲料，查看是否有小鹿冻伤、生病、掉队等。今天还特别清除了为防止有人偷偷进山而设置的路障和道钉。

仙洞山野生梅花鹿自然保护区

林场办公基地

进入保护区2千米后，迎面开来一辆越野车，狭路相逢，无法错车，越野车司机下车后跑到路边没有车辙的积雪上用力跳了两下，然后迅速回到车上把车子开到旁边避让，我们甚是感激，也往右避让前行，却没想到一下子陷进积雪中，进退两难。积雪随着飞旋的车轮飘起，车越陷越深，我们只好全部下车减负。安全驶过的越野车司机停下车，打开后备箱，取出一把铁锹，跑过来熟练地铲除积雪。东北大汉的热情豪爽和林海雪原的壮观美景结合在一起，让我们无比温暖。

东北大汉热情相助

在一大片林地前面，我们开始下车步行。"不许大声喧哗""不许鸣笛""禁止烟火"的保护区告示牌很醒目。云龙拄着拐杖带路，其实已经完全没有路了，积雪过膝，我们踩着他的脚印鱼贯前行。没走几步，脚就冻得生疼，还好我带了一大包暖宝宝。云龙的关节不好，前几天刚刚住过院，冬天还要每天坚持巡山，这样的守护坚持了二十几年。这里的一草一木他都那样熟悉，话语中充满着热爱。看着他蹒跚的背影，我们肃然起敬。

保护区告示牌

　　我们一边走一边听云龙讲故事。这里的梅花鹿是 1976 年由两个猎人从小兴安岭通北林场一路赶过来的。国富林场占地面积为 2 700 平方千米,属于低山丘陵地貌,约有 500 多种植物,包括茂密的人工杨树林、落叶松林、柞树樟子松混交林、柞树白桦树林等,人工林、灌木丛、湿地、草塘、农田等小生境为 200 多种野生动物提供了丰富的栖息地。迎面由一条路隔开的两大片冰封的湖面是由两条季节性河流积蓄而成的,国富林场在此基础上修建了新世纪水库,保证了水源充足。

　　为了有机会看到鹿群,我们兵分两路。在一片片茂密的林地间蜿蜒跋涉了大约 10 千米,沿途看到各种动物的脚印、向阳坡上鹿群休息的窝子、草料棚、一堆堆鹿儿的粪便……云龙说早晨他来巡山时还看到一大群出来觅食的鹿,还用手机拍了下来。鹿很警觉,即使是经常来照看他们的林场职工,也

梅花鹿是森林的主人

只能远远地看看它们,现在它们倒是很可能躲在密林深处偷偷窥视我们呢。

下午两点,左右两队汇合。另行的五人兴奋地描述着几分钟前他们无意间撞到的4只梅花鹿由不远处飞奔而过,姿势优美,步伐矫健,叫声温柔。梅花鹿才是仙洞山真正的主人。

目前,保护区得到黑龙江省和拜泉县的大力支持,在保护区投资100多万元修建了一座瞭望塔、四个管护站房和四十五套监测设备。保护区还和黑龙江野生动物研究所、东北林业大学建立了合作关系,对梅花鹿的种群生态、行为以及珍稀物种保护生物学等进行了大量的调查、监测和基础研究工作。但保护区地处偏远,位于经济不发达地区,设备水平和工作人员素质都有待进一步提高。作为负责具体工作的领导,云龙深感责任重大,多年来带领全场职工做了大量工作,但因困难重重,希望得到各方的关注和支持。

拜泉县仙洞山野生梅花鹿为目前国内野生梅花鹿东北亚种的最大种群,2015年经东北林业大学野外调查组认定,目前野生梅花鹿种群数量大约220头,仙洞山野生梅花鹿自然保护区已经是省级野生梅花鹿自然保护区,现正在申报国家级保护区。2016年,拜泉县正式被中国野生动物保护协会授予"中国梅花鹿之乡"的称号。

晚归

傍晚,车子载着疲惫的我们飞速滑行在人工生态林走廊,我的脑海中浮现出《诗经·小雅》的诗句:"呦呦鹿鸣,食野之苹。我有嘉宾,鼓瑟吹笙。"巴拜布拉克,我的家乡,曾经地肥水美的黑土地生态,正在呦呦鹿鸣声中回归。

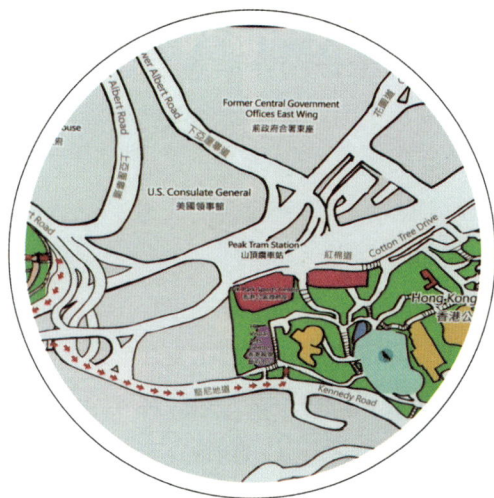

小而美，感受自然的力量

——香港城市公园自然考察随笔

柯晓莉

　　提起香港这个繁华的国际大都会，恐怕很多人的第一印象都是鳞次栉比的摩天高楼，熙熙攘攘的人群，潮牌林立的街头店铺，繁忙有序的城市交通，流光溢彩的璀璨夜景，中西合璧的特有文化，城市化的高效进程在这里被演绎到登峰造极，东方之珠的美誉名扬四海。如果有人提议到香港探寻自然的秩序，感受自然的力量，很多人大概会觉得不可思议。其实香港虽然是弹丸之地，人口稠密，自然景致却多姿多彩。绵延不绝的山脉，蜿蜒几百千米的海岸线，玉屑银末的沙滩，郁郁葱葱的林地，绿草如茵的山峦，互相映衬，构成一道独特的都市自然生境风景线。搭配温暖湿润的气候，让香港成为多种野生生物繁衍生息的理想居所。

鸡年新春，带着四岁半的儿子，全家一路南下，从福州开始，穿越闽、粤两省，由深圳顺路进入香港。出发前，先生建议带娃体验一把原汁原味的自然系香港。占据全港面积将近 40%、大名鼎鼎的郊野公园当然是行程首选。然而，考虑到留港时间较短，身边还跟着一个慢吞吞的"小蜗牛"，行进速度根本快不起来，于是我们舍远求近，将游览目标聚焦到了位于香港市中心的城市公园。事实证明，这是一次明智之选和收获之旅。

香港城市公园地图

位于香港岛中环的香港动植物公园和香港公园左右毗邻，位居闹市，各具特色，免费开放，交通便捷，集自然美景与人文景观于一体，兼具康乐和教育功能，难怪前来游玩的香港本地居民络绎不绝。

香港动植物公园

香港公园

　　创建于 1991 年的香港公园是全香港商业中心区难得一见的大型开放式公园。香港公园有三宝——温室、保育园和鸟瞰角,园内的霍士杰温室是东南亚最大的温室之一,有生物多样性展览厅、旱区植物展览馆及热带植物展览馆 3 个场馆。恰逢农历新年,室内布置一团喜气,兜兰、蕙兰、墨兰、跳舞兰、蝴蝶兰;蜻蜓凤梨、珊瑚凤梨、空气凤梨、莺歌凤梨,百花争艳,一派生机盎然。美丽的画风扑面而来,我情不自禁沉溺其中。

鸡年大吉

美丽的花朵

　　忽然，耳边传来"小蜗牛"的呼唤："妈妈，这颗绿苗苗上怎么粘了这么多虫虫呀?"闻声望去，捕蝇草、捕虫堇、猪笼草、高矮瓶子草一一映入眼帘，善于观察的小朋友原来发现了绿植界的"捉虫者联盟"。

捕蝇草　　　　　　　　　　　矮瓶子草

长叶瓶子草

捕虫堇

捕蝇草的伞状花序

"植物又不会动,怎么能抓住这些跑来跑去的小昆虫呢?"好奇宝宝继续追问。大自然是最好的课堂,生物体是最直观的教具,全家其乐融融地展开了一次细致的观察之旅。碰一碰瓶子草的"小盖子",看一看猪笼草的"小口袋",闻一闻捕蝇草的"长花序",摸一摸捕蝇草的"小夹子"……夹状捕虫器、囊状捕虫器、黏液捕虫器,不知不觉中小朋友熟悉了食虫植物的常见捕虫机制。台湾的自然教育学家徐仁修说:"自然观察最重要的是唤醒孩子日益退化的五种感官:学会用视觉发现生物密码;用听觉聆听自然音律;用嗅觉闻出自然气息;用味觉探索自然飨宴;用触觉感受生命故事,进而学习欣赏宇宙自然的神奇。"

"妈妈，为什么这两盆捕蝇草长得这么高呀？"小家伙意犹未尽，又有新发现啦。居然是开花的捕蝇草，我也是第一次看到。内心小激动，拿出相机秒拍本尊。原来应在夏季开花的捕蝇草居然在冬天就长出了亭亭玉立的伞状花序，奇葩的倒时差生长也只能发生在温室这样四季如春的"乌托邦"中了。"捕蝇草的植株长得矮矮小小，属于呆萌系，怎么花茎这么高呀？"这次轮到孩子他爸提问了。对哦，之前还真没想过这个问题。上网一查，原来食虫植物大多属于虫媒花，除了捕食昆虫吸收其养分外，为了后代的延续更需要借助昆虫传粉，所以必须将捕虫器（如捕蝇草的叶片）和花序两个部分区分，这是食虫植物的特征之一。我瞬间顿悟，这正是大自然给予植物生存智慧的最佳案例，是物竞天择、适者生存的完美典范。

看着还在温室里自得其乐、继续"寻宝之旅"的儿子，忽然想起台湾作家张文亮那篇著名的散文诗《牵一只蜗牛去散步》："……慢着！我听到鸟叫，我听到虫鸣。我看到满天的星斗多亮丽！咦？我以前怎么没有这般细腻的体会？我忽然想起来了，莫非我错了？是上帝叫一只蜗牛牵我去散步。"孩子在不知不觉中向我们展示了生命中最初、最美好的一面，父母不妨放慢脚步，陪着孩子静静享受慢生活的乐趣，探秘大自然的神奇，感悟生命的奥妙。这其中成就的何止是孩子！

据不完全统计，香港地区已发现差不多 3 000 种开花植物，包括 120 种兰花。还发现超过 300 种本地树木，超过 2 000 种飞蛾，110 种蜻蜓，230 种蝴蝶及相当于全中国三分之一的鸟种。另有众多的淡水鱼、两栖类动物、爬行类动物和哺乳类动物。拥有如此丰富的生物类群，离不开世界一流水平的生物多样性保育团队的卓越贡献。在香港公园这个占地不到 8 公顷的城市生态系统中，涵盖了蝴蝶、蜻蜓、松鼠三个物种的保育园区。人工湖畔，潺潺的流水，恬静的池面，再加上茂密的植物，自然成为蜻蜓的理想家园。园内随处可见的龙船花、五星花、蟛蜞菊、假连翘和马缨丹都是蝴蝶成虫重要的蜜源植物,而白兰、软叶刺葵、铁刀木、含笑和香樟等树种则是不同种蝴蝶幼虫的寄生植物,各取所需,相得益彰。基于尊重生命、崇尚自然的设计理念,确保了蝴蝶物种的多样性,难怪香港公园成为全港最著名的赏蝶胜地。路边随性觅食的小松鼠毫不惧人,人与自然的和谐相处可见一斑。登上 30 余米高的鸟瞰角,置身观景台,居高临下俯瞰公园全景,我由衷赞叹这里是现代设计、设施与自然生态环境完美结合的杰出案例。

池塘小型水生生态系统

蝴蝶成虫喜爱的常见蜜源植物

野生松鼠

香港动植物公园是香港最早建立的公园,紧邻旧时港督府,地理位置优越,依山傍海,风景秀丽。正门口的石牌坊、半山腰的英式凉亭、英皇铜全身站像以及广场中央的层叠式喷泉,无不见证了香港沧桑的百年发展史。

国际权威组织"世界动物园和水族馆联合会"对于现代动物园界定了三个非常重要的任务:第一个任务是保护珍稀物种,通过繁育的手段让这些珍稀物种变得不那么稀缺;第二是进行科学研究,尤其是去做一些在野外没法观察、没法实践的有关动物行为学、生理学上的研究;而第三个就是开展公众教育,让公众能够非常近距离地看到动物,爱上动物,爱上自然。香港动植物公园完美诠释了以上三

灵长类人工繁育成果

点,除了饲养野生动物作展览之用外,公园团队还着力于珍稀动物的种群延续,特别是成功攻克了灵长类动物人工繁育的世界难题。

园内设有专门的教育及展览中心,针对社会公众或是学校团体不同受众的需求,开设了社区园圃计划、绿化义工计划、外展绿化推广活动、社区种植日、绿化香港活动资助计划、最佳园林大赛——私人物业、一人一花计划、园艺讲座、校园香草种植计划、动物园和园艺教育展览、户外学习活动等丰富多样的自然保护教育主题活动,成为公园的另一大亮点和特色。

我们在游览途中曾见过一盆开有不同花色的绣球花,当时就有所疑惑:"为何它偏偏不走寻常路,同款不同色?"在参观教育展览中心时,偶然发现了其中的奥秘。原来,土壤的酸碱度、温度、光照都会影响花色。某侦探小说中对于因埋了尸体而土质酸碱性发生变化进而导致绣球花变色的桥段原来是有一定科学依据的。瞬间学到新技能,收获满满,好开心!

不同花色的绣球花

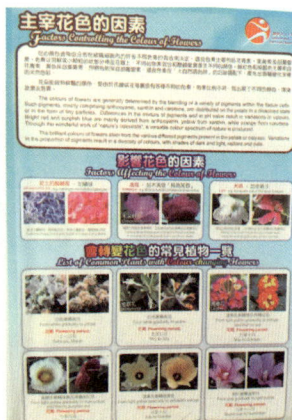

　　美国自然教育家约瑟夫·康奈尔曾说过:"世界上再没有比大自然更好的教师了,它能给孩子们无穷的力量,给孩子们无穷无尽的知识和智慧。"美丽的大自然就是一部真实、丰富的百科全书,它蕴藏着巨大的教育财富,为孩子们的学习提供取之不尽的源泉。它毫无保留地被呈现在人们的面前,吸引所有人去专注的感受、触摸、品尝、经历、体验……公园每年义务为一万名学生提供教育活动的服务,主要目的就是宣传公园在动植物保育方面的贡献,并且透过讲解和教育标签的说明,使学生和公众能够对动物、植物、生物多样性及保护环境方面有更深层次的认识与了解。

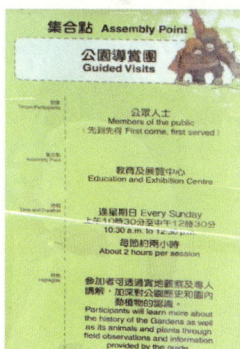

公园的教育功能

　　我们走出公园时已是傍晚,华灯绽放,绚丽夺目,仿佛置身不夜城。在寸土寸金的商业中心,还能预留出如此一片自然原生态的"世外桃源",香港的自然保育理念全球领先,包括城市公园、郊野公园在内的一系列成功的生态建设案例以及自然保护教育主题活动范式值得我们学习与借鉴。

　　离港赴澳,再经羊城返沪,寒假之旅虽然接近尾声,自然观察与体验之旅却正扬帆启航! 米老鼠之父华特迪士尼先生曾说过:"Everything starts with a mouse!"在和大自然亲密接触的体验中,乐趣无穷,兴趣盎然,这正是"Everything starts with interests"。帮助生活在城市钢筋水泥森林的孩子们重返大自然,重拾对有灵万物的信仰和谦卑,探寻自然的秩序,回归人类自身认识的本源,将"绿色生存"的理念寓于求知与实践的乐趣之中,是我们要一直努力的方向。博览自然,妙不可言! 探秘自然,乐在其中! 尊崇自然,不忘初心!

转角的惊喜

朱　沁

今年寒假，我和家人一起来到了北海道。北海道是日本四个主岛中最北的岛屿，面积 83 453.57 平方公里，是日本除了本州岛外面积第二大的岛屿，在世界排名第 21 位。这里的地势中部高，四周低，有火山分布。拥有丰富的矿产资源，如煤炭等。自然资源丰富，拥有辽阔的森林、巍峨的山川。北海道因樱花、雪景以及薰衣草花海享誉全球。

北海道大学植物园温室

到了札幌,我慕名来到了北海道大学植物园。遗憾的是,这里冬季不开放。正在我沿着围栏感叹自己攻略没有做足的时候,一个转角,突然发现了植物园温室开放的标识,塞翁失马,焉知非福啊!

温室植物园里面有许多有趣的植物。最有意思的就是这里收集了各种食虫植物。以下是四种不同的茅膏菜。

各种茅膏菜

以右上图的勺叶茅膏菜（学名：*Drosera spatulata*）为例，这种勺叶茅膏菜是茅膏菜属中易种的品种，不怕冷、热、暴晒，适合新手种植。这是小型食虫植物，叶片上长有腺毛，能分泌黏液，像是挂满了露珠，晶莹剔透，能将昆虫粘住，并消化吸收。草本，通常多年生。根状茎短，具不定根，常具有根功能的退化叶，末端具或不具鳞茎状球茎。植株直径 2—4 厘米。叶互生或基生而莲座状密集，被头状粘腺毛，幼叶常拳卷；托叶膜质，常条裂。聚伞花序顶生或腋生，幼时弯卷；花萼 5 裂，稀 4—8 裂，基部多少合生，宿存；花瓣 5，分离，花时开展，花后聚集扭转，宿存于顶部；雄蕊与花瓣同数，互生；子房上位，1 室，侧膜胎座 2—5，胚珠多数，稀少数；花柱 3—5，稀 2—6，呈各式分裂或不裂，宿存。蒴果，室背开裂；种子小，多数，外种皮具网状脉纹。

还有许多猪笼草。比如以下 2 种，一个体形大如芭蕉，一个迷你如苔藓。

猪笼草

在白雪皑皑的北海道，无论是札幌、小樽还是函馆，看到最多的动物就是这些鸟类：乌鸦、鸥类、家鸽、野鸭等。

乌鸦

鸥

家鸽

野鸭

乌鸦是日本的国鸟，是日本人心中至高无上的神鸟。日本人对乌鸦的尊敬可以追溯到日本第一代天皇——神武天皇。日本古籍上曾记载，距今约 2664 年前，第一位天皇神武天皇从宫崎县一带东征奈良县，一路激战，到了和歌山县熊野一带的山林，获天神派来的一只乌鸦作武术指导，顺利建立了朝廷。这只乌鸦有 3 只脚，被称为"八咫乌"。不仅如此，乌鸦还被日本人当作"立国神兽"。日本足球协会采用八咫乌图案当作会徽，参加世界杯足球赛的日本队员的球衣上就绣着八咫乌。由此可见乌鸦在日本的崇高地位。

一路从北海道南下到东京，感觉乌鸦越来越多。究其原因，这里的绿地比较多，是乌鸦理想的栖息地点。虽然日本是一个垃圾分类处理实施得非常完善的国家，但这并不妨碍乌鸦找到自己的食物。东京区内垃圾资源丰富，给乌鸦提供了合适的食物。日本在二十世纪六七十年代大搞植树绿化，尤其珍视和爱护自然界的各种动物。几十年过去了，效果很明显，包括乌鸦在内，日本现在鸟的种类和数量都增加了很多。

据资料显示，日本的乌鸦特别聪明。东京的大街小巷里有许多垃圾站，乌鸦会从垃圾袋里找吃的。曾经有人看到一只乌鸦在垃圾站拣到一个核桃后，飞到半空中往下扔，将核桃摔碎，然后飞下来吃核桃仁。还有的乌鸦把自己弄不碎的大块食物放到马路中间，待汽车轧过后，它们飞过来吃现成的。据日本动物专家研究，现在乌鸦的脑容积比 30 年前增加了一倍，智商提高了很多，这主要跟日本人饮食水平的大大提高有关。当地食物中的蛋白质和脂肪成分增加，乌鸦吃了这些有丰富营养的食物，聪明程度和繁殖速度都跟着提高了。

来到东京，最希望看到的是樱花。但是 1 月份并不是樱花盛开的季节，所以看到开花的几率并不高。偶然在街头一个转角处，发现一株河津樱，让我唏嘘不已。当时感到非常好奇的是，为什么还有开得如此早的樱花？后来查了资料，才知道这就是日本列岛开花最早的河津樱。植株虽然还没有完全盛开，但是也让我很兴奋。

河津是一个地方，位于伊豆半岛，以河津樱而闻名日本列岛。河津樱不同于我们常见的染井吉野樱。伊豆半岛温暖的气候，让河津樱成为日本列

河津樱

岛开花最早的樱花。从每年的二月上旬开始陆续开花,一直持续到三月中旬,花期有一个月之久。满开时呈粉红色,这是河津樱最显著的特点。数年前默默无闻的河津樱,如今备受爱樱人士的青睐,它正逐步走出伊豆半岛,向日本本州列岛渗透,所以才能让我这位匆匆游览日本的过客收到这样一份珍贵的新年礼物。如果以后我有机会再去日本,一定要去伊豆半岛的河津走走,体会一下站在河津长长的河道上,遥望一望无际、盛开在河道两侧的河津樱的感觉。想象在蓝天白云、青山绿水之间,粉红色的河津樱就像系在春回大地上的一条柔软的丝带,迎风微动,我的心情一定豁然舒展,随风飘上蓝天。

冲绳的露兜

凌秀梅

2017年1月22日至26日,我来到了日本冲绳。这次旅游对我来说不是单纯的旅游观光,而是带着生态考察任务。因为带着任务而来,所以我必须改变以往旅游时走马观花,上车睡觉、下车拍照的模式,在欣赏当地的自然风光之余,把更多的注意力集中在各种生物上。书到用时方恨少,毕业近二十年,所学已经尽数还给老师,只能凭着仅存的记忆和发达的互联网边看边学。

冲绳处于日本九州岛和中国台湾省之间,气候温暖宜人,为亚热带海洋性气候。夏季高温多雨,冬季温暖少雨,全年平均气温 23℃,冬天也有 20℃左右。我们去的时候正值上海的冬季,冲绳的气温在 10—20℃左右。一下机场,就感觉到一股温暖清新的风迎面而来,羽绒服在此时已是多余。由于气候条件优越,岛上植物种类丰富。

从机场到宾馆,我一路上吹着海风,欣赏着沿途的风景,十分惬意。冲绳马路两边的行道树大多数似曾相识,但也有些并不熟悉。带着欣喜与期待,我来到了在冲绳的第一个"驻地"——美国村。在这里,我看到了很多熟悉的、不熟悉的植物,更有一些似曾相识的植物深深地吸引了我的目光。清早,踏着一尘不染的水泥大道,吹着清新的海风,我边散步边留下了这些照片,也许在不久的将来再次欣赏它们的时候,将使我重温这次旅行。

苏门答腊铁树　　　　　琴叶榕　　　　　海枣

椰子

榕树

鹤望兰

三角梅

仙丹花

龙吐珠

各种扶桑

从首里城出来，我就被一串串紫色的珠子深深地吸引住了。我从来没有见过如此色彩鲜艳的果实，忍不住停下脚步仔细观察它。它有个好听的名字叫"紫珠"。

紫珠

对于菠萝，大家肯定都不陌生吧。每年的三、四月份，大量的菠萝上市，路边随处可见卖菠萝的小贩，价格也很便宜，有时十块钱能买到两个。由于菠萝的皮又厚又硬，没有合适的工具很难自行处理，一般小贩都会殷勤地帮顾客把皮削掉，这时便露出了菠萝嫩黄色的果肉，同时一股清香扑鼻而来，带回家用盐水浸一浸，一口咬下去，酸甜多汁，美味可口。到过南方的朋友也应该看到过菠萝的植株。菠萝的植株低矮，茎很短，叶剑形，莲座式排列。

菠萝植株

菠萝果实

　　在美国村的路边，我注意到了一种"奇怪"的果实。看到它的第一眼，我就想到了菠萝，但我知道那不是。它的果实虽然和菠萝有几分相似，但这种植物的树形高大，至少有5～6米高，虽然它的叶形和菠萝相似，但叶的排列方式又和菠萝不同。

　　那么，这种奇怪的植物究竟是什么呢？借助于强大的互联网，我终于查到了这种植物的名称，并了解了它的生活习性。

分叉露兜的果实　　　　　　　　　　分叉露兜的植株

　　这种植物名分叉露兜（*Pandanus furcatus* Roxb.），属于常绿乔木，高7～12米，雌雄异株。每年夏秋季，会开出带有浓香的花。可惜我们错过了它的花季，不过正好能观赏它的果实。它的果是由多数核果组合而成的聚合果，成熟时呈黄红色。我看到的果实还是绿色的，没有成熟。成熟的果实形状像菠萝，可以食用。核果外部坚硬，基部软，中间有纤维质能随水漂流，这可是它借以传播种子的好办法哦。核果里面是种子，带甜味，可以食用。

它的根、叶、花、果和果核都可以入药,可治肾炎、水肿等。它的叶纤维可编制各种工艺品,鲜花可提取芳香油,果实经过加工就是滴血莲花菩提,是菩提子中的极品,可见露兜的全身都是宝啊。

在万座毛海边成片生长的植物也是露兜。跟前面在美国村见到的分叉露兜类似,只是没有那么高大。它的果实跟菠萝更为相似,难怪它有个别名叫"假菠萝"。

露兜树是一种很有意思的树木,它身材不高,但形态却很特殊,生有红树一样的支柱根。它的叶子呈带状,有 1 米多长,叶子的两边和背面中脉上都生有尖锐的锯齿,要是有人胆敢把自己的手在这些锯齿上蹭一下,肯定会把手划破。露兜树是植物中的活化石,其源头可以追溯到冰河时期。

露兜

欣赏、拍照容易,查找植物名称可没那么容易了,"百度"在这个时候也不管用了。不过,结果已经不那么重要了,重要的是学习的过程。重温学习的过程虽然有难度,但是每查到一种植物,我心里的快乐就溢于言表。如果我们每次出行都带着一些任务,带着一些疑问,那出行会变得更有意义。

人与自然的和解
——英国自然生态及园艺见闻

徐敏娜

2014年本人赴英参加培训项目,作为一名中学生物老师及资深业余园艺爱好者,在此期间不仅是漂亮的风光和精致美丽的花园让我印象深刻,更让我受到启迪和发现的是英国人对待自然的态度和观念。

无处不在的花园

初到英国,不论是在游人如织的繁忙都市,还是在静谧恬淡的乡村小镇,唯一让我百看不腻的就是各式各样、大大小小的花园。英国人可能是世界上最爱好园艺的民族了吧,据说在英国有这样一句谚语:"如果想幸福一阵子,那就娶个老婆;如果想幸福一辈子,那就该种植花木!"

令人羡慕的村舍花园

如何将自家花园打造得更有特色,不仅是一门学问和技能,更是一种追求和情怀。花园的大小不能限制主人的发挥,方寸之地也可以被打造得层次分明。只要一棵西番莲,就是整个花园。爬满整个墙面,依然可以灿烂整个夏天。当然,如果有条件的话,一只傲娇的喵星人也是英式花园的标准配置之一。

一盆西番莲就是整个花园

傲娇的喵星人也是英式花园标准配置之一

　　不仅从园艺的追求上可以看出英国人对生活和自然的热爱，他们甚至爱屋及乌到连一只虫子都不忍伤害呢！绿色植物多，虫子一类的初级消费者难免会闯入居室中。我寄宿的房屋的房东老太太在发现一只长脚蜘蛛闯入屋子后，我本来以为她要拿杀虫剂出来，谁知她在衣橱里拿出一只旧袜子套在手上，然后小心翼翼地把蜘蛛先生请到了袜子上再请它出门。无独有偶，同行的另一位老师寄宿的房屋的房东老太太，发现自家采摘下来的番茄果实上有一只大青虫，她不仅小心翼翼地将虫放回到番茄叶子上去，还不忘补充一句"What a lovely worm"！看来他们的花园不仅是不打药水，而且连一只小虫子的生命都能得到珍惜和尊重，可见他们对自然生态关注程度之高。

爱屋及乌对任何生命都充满了爱惜

没有界限的自然生态系统

在英国,即使是在著名的景点,也可能出现刚刚你还漫步在中心区域的商业街上,在不知不觉中就会进入周边郊野的情况。公园、郊野及市镇都没有十分明显的界限,不少小镇上就有河流、村庄、农场。神奇的是,这些与周围的酒店、商业街、学校、甚至是古堡都没有格格不入的感觉。我注意到,英国人虽然喜欢追求各种新奇的外来物种,但在园艺的整体效果上却十分注重与周围自然环境的和谐一致。他们非常讲究在花园的边界种植当地植物,所以我们很难分清某种植物到底是野生的还是人工种植的。这也就难怪乎为什么感觉城市和乡村,乡村和周边野生自然生态环境,都是"你中有我,我中有你",很难分出明显的边限。甚至有人说英国并不是来之前想象中的现代化大城市,而整体是一种大乡村的感觉。

英国南部古镇温切斯特的街心公园,你们能猜出图中河边的植物是什么吗?呵呵,真不敢相信自己的眼睛,他们居然还敢拿一枝黄花作为园艺植物种在公园,难道不怕生物入侵吗?顺着图片中的小河一直走就是郊野公园,河水清澈得连鹅掌上的标记都看得见。两岸的自然植被非常茂密。我

街心公园种植的加拿大一支黄花

郊野公园丰富的自然植被

想这也许是一枝黄花没有成为入侵植物的原因吧，一个完整健康的自然生态系统在一定程度上是有抵御能力的。试想如果周围的植被稀疏，土壤裸露，一枝黄花不乘机大肆入侵才怪呢！

探秘邱园（Kew Gardens）的珍稀植物

作为一个植物爱好者，当然不能放过一探拥有世界上已知植物的 1/8，将近 5 万种植物的皇家植物园的机会。据说当年大英帝国可是派出了成千上万的"植物猎手"到世界各地呢。那这里到底都收藏了哪些珍贵的植物呢？满怀期待的我，果然没有失望。

植物园被分成 3 个区域。北区主要集中了植物园的早期植物和适宜在北部生长的植被，西区主要由水生植物园、竹园、杜鹃花谷组成，南区则由小檗属植物区、石楠植物区等组成。各式各样不同风格的建筑和形态各异的

邱园的枝头上邂逅一只觅食的小鹦鹉

植物，时而小径通幽，时而豁然开朗，游客们不时地还会与悠然自得的各种野生动物来个不期而遇。

有一只小绿鹦鹉为了吃到枝头的海棠果竟然不惜来了个倒挂金钟，真想问问它："你那么厉害，你妈妈知道吗？"没走几步，一群雁一摇一摆、不慌不忙地从我们面前穿过。跟着这个大部队，我们走到了玫瑰园，它们仿佛知道我们正在寻觅的目的地就是玫瑰园。穿梭在丛林和花海里，我忽然感觉，如果这个世界上真的有天堂，应该就是这个样子的吧。

一群雁在植物园里闲庭信步

　　不过，想要发现更多的奇花异草，还是要去几个温室里寻找。不少温室都采用电脑控制，室内每一区域都具有不同的环境条件，热带干旱区与潮湿区的植物在这里各逞奇姿。例如，原产于南美的狭叶下珠（*Phyllanthus angustifolius*），貌似普通的杂草，只有到了开花季节才能发现它的与众不同之处——在叶片上直接开出一簇簇粉色的小花。再如，原产于西印度群岛，现我国南部也广泛种植的龙珠果（*Passiflora foetida*），外形酷似灯笼果，居然与西番莲是近亲。更让人意想不到的是，它还是一种食虫植物。花托分泌带有特殊香味的黏液，吸引小昆虫来吸食，结果小昆虫被黏液粘住，一段时间后被龙珠果吸收，用于滋养果实。还有不少植物似曾相识，但却说不出名字，也许它们的原产地更是远隔重山万水，但能在这里共聚一堂，真是让人大饱眼福。这也让人不得不赞叹，植物世界是如此多姿多彩！

皇家植物园中最大的温室

叶上开花的狭叶下珠

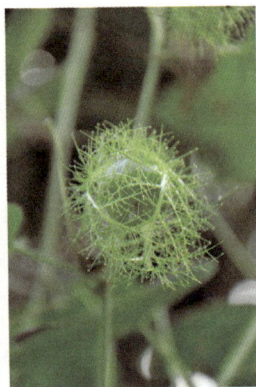

花托上密布腺毛的龙珠果

藏身乱草堆的生态菜园

园艺光是满足视觉审美和人类的好奇心是不够的,"民以食为天",英国人把这句话也和花园结合了起来。在上述的皇家植物园中也留有一片土地，专门开辟为可食花园（kitchen garden），供小朋友们了解各种各样的食物是如何生长出来的。而在我们培训的切彻斯特大学校园的一个荒乱的草堆旁，居然也隐藏着一个小小的菜园。由于假期，校园内师生很少，所以没有遇到这片菜地的管理者，我只能靠自己的眼睛进行探索了。不大的地方居然种植了番茄、土豆、草莓、葱、辣椒等不下几十个品种的蔬菜。不少地方看起来是混种，密度也很高。不少叶片上都有虫洞，但是没有非常集中和明显的虫害迹象，看起来很干净。看，小番茄的果实油油亮亮的，还挺健康！

校园中的可食花园

你能认出几种蔬菜、水果

在菜地的"乱草堆"里，我还发现了几个大个的水泥桶。凑近一看，桶上写着"litter"的字样。好家伙，原来他们是用废弃的垃圾桶来种植蔬菜，这废物利用得太环保了！不仅如此，环顾四周，我还发现了几个大"垃圾桶"。仔细一看才发现，有的连接了屋顶的落水管被做成了雨水收集桶，有的被做成了装有机垃圾制作肥料的堆肥桶。众所周知，英国南部地区常年雨水充沛，水资源并不是十分匮乏。但在这方寸之地，真正实现了资源的回收与利用，可见生态保护意识和环境保护意识早已渗透到每个人的生活中去了，这不正是我们目前需要借鉴学习的吗？作为一个生物老师，是否也应该负担起一定的责任,努力改变,哪怕只有一点点,我相信也是有意义的。

废弃的垃圾桶也
被用来种植蔬菜

雨水收集桶

堆肥桶

寻找澳大利亚的代表动物

赵 玥

2017 年 5 月,北半球就要入夏了,而南半球正进入秋冬。此时,澳大利亚正是秋意正浓,气候宜人。在悉尼费瑟戴尔野生动物园(FEATHERDALE WILDLIFE PARK)里的动物们也享受着暖暖的阳光和清新的空气。在这个动物园里可以邂逅许多澳洲本土的动物。

讲到澳洲动物,一定先会联想到袋鼠。袋鼠是跳得最高、最远的哺乳动物,属于袋鼠目的有袋动物,主要分布于澳大利亚大陆和巴布亚新几内亚的部分地区。其中,有些种类为澳大利亚独有。不同种类的袋鼠生活在澳大利亚各种不同的自然环境中,从凉性气候的沙漠平原到热带地区。

"袋鼠"有时候指所有的有袋动物。这个词源自 Guugu Yimidhirr(一种澳洲原住民语言),后来被约瑟夫·班克斯在詹姆斯·库克的第一次航海旅行中命名。为什么叫袋鼠呢?其实因为袋鼠属于发育不全的动物,早期的胎儿要在袋中孕育。其实,在澳大利亚曾经还有一种有袋动物——袋狼,可惜这种动物已经灭绝了。

瞧!动物园里的袋鼠悠闲地躺在地上,似乎在享受着秋天的阳光。

正在晒太阳的袋鼠

动物园里的袋鼠大多很温顺,似乎没有野外袋鼠的野性,也不会和游客"斗殴",其实,袋鼠的拳击可是很厉害的。早年,还有许多人和袋鼠一起搏击。现在的这些袋鼠远远看去,感觉有点像"巨型老鼠",而且也很少会到处跳跃了,不过它们的食物来源还是充足的。袋鼠是草食动物,所以对食物的要求并不是那么高。大部分的袋鼠是群居的,在动物园里也很少能看到独来独往的袋鼠。在图片中看到的是东部灰大袋鼠，虽然没有红大袋鼠那么有名，却是最常见的袋鼠种类之一，它们大多数都生活在肥沃的土地上。

袋鼠群

瞧，这只袋鼠是不是很呆萌呢？这只聪明的袋鼠居然走出了笼子，来到游客群里讨食物吃。这时候你一定会忍不住抓一把稻谷放在手心喂上一喂。走近一看，这只袋鼠手里居然还拿着一些稻草，看来刚刚被人喂过了。

可以散养的袋鼠通常是经过一定训练的，它们不会畏惧人类，你可以一边喂它们，一边轻轻地抚摸。袋鼠的皮比较厚，摸起来有一些粗糙，通常会被拿来制作皮制品，在各大商场和机场销售。袋鼠作为澳大利亚的象征物，在国徽、钱币上都有它们的形象，是澳大利亚旅游业的一大主力军。

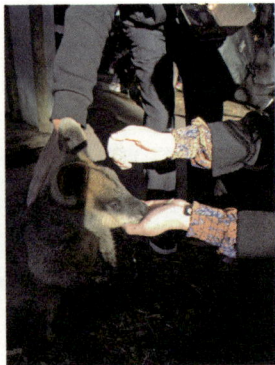

呆萌的袋鼠   正在被喂养的袋鼠

瞧,这是一只正在喝水的袋鼠,远远看去还以为是只长尾鼠。它们的前肢比后肢短小,后肢粗壮主要和它们经常跳跃有关系,它们就是靠后肢的力量站立起来。

正在饮水的袋鼠

　　来澳大利亚怎么可以不看看树袋熊呢？树袋熊总是给人一种憨厚、慵懒的感觉。它们基本都是在树上，很少会运动。树袋熊，又称考拉，是澳大利亚的国宝，也是澳大利亚奇特的珍贵原始树栖动物。英文名 Koala bear，来源于古代土著文字，意思是"no drink"。因为树袋熊从它们取食的桉树叶中获得身体所需 90％的水分，只在生病和干旱的时候喝水，所以当地人称它"克瓦勒"，意思是"不喝水"。

　　树袋熊并不是熊科动物，而且它们相差甚远。熊科属于食肉目，而树袋熊却属于有袋目。树袋熊每天 18 个小时处于睡眠状态，性情温顺，体态憨厚。正因为它们喜欢睡觉，所以能看到睁大眼睛的树袋熊实属不易啊！

眺望的树袋熊　　　　　　　　　　　呆萌的树袋熊

　　这只树袋熊不知道在瞅什么，东张西望的样子很可爱。

东张西望的树袋熊

　　考拉性情温驯,行动迟缓,从不对其他动物构成威胁。考拉反应极慢,反射弧好像特别的长。曾经有人尝试用手捏考拉一下,考拉经过很长时间才惊叫出声。可惜,在动物园里的这些树袋熊只能让游客远观,不能抚摸,更别提看到它们迟钝的反应了。

　　除了刚才两个有名的本土动物以外,澳大利亚还有一种动物,长得非常像鸵鸟,如果你不仔细看它们的脚趾,很可能会误认为它们是鸵鸟。它们叫鸸鹋(*Dromaius novaehollandiae*),是鸟纲鸸鹋科的唯一物种,通常体高150~185厘米,体重30~45千克,寿命10年,以擅长奔跑而著名,是世界上第二大的鸟类,仅次于非洲鸵鸟,因此也被称作澳洲鸵鸟。成年鸸鹋雌性比雄性大。鸸鹋形似非洲鸵鸟而较小,属于平胸类,没有龙骨,嘴短而扁,羽毛灰色、褐色或黑色,长而卷曲,自颈部向身体的两侧覆盖。翅膀比非洲鸵鸟和美洲鸵鸟的更加退化,无法飞翔。足三趾,是世界上最古老的鸟种之一。鸸鹋可是澳大利亚的国鸟哦。

　　让我们来看看它们的样子吧。其实它们和鸵鸟还是有很大的区别。比如，鸵鸟的翅膀比较大，而鸸鹋的翅膀比较小。鸵鸟是两个脚趾，鸸鹋是三个脚趾。鸸鹋很友善，若不激怒它，从不啄人。它对食物也不讲究，主要以草类为食，也爱吃一些草蝶及昆虫。在野生动物保护区里，鸸鹋能经常改善伙食，吃到游人喂它的面包、香肠及饼干等。

正在觅食的鸸鹋

仰头张望的鸸鹋

不一样的鸟类世界之新西兰外来物种

周韧刚

2016 年暑期的新西兰北岛冬季之行，完全依赖长途大巴、公交、地铁和徒步，20 天累计徒步 500 千米以上，在北岛的五个地点对自然展开深度体验。

　　除了大量与众不同的澳新界的本土鸟类外,这次还看到了由于人类活动而带入或引入的鸟类。根据有关资料进行分析和推测,这些鸟类有的是作为观赏鸟类被引进,有的是作为食物来源被引入,有的是作为农业工具(如捕虫等)被引入,也有的是悄悄跟着交通工具(如大船)进入。这些鸟在几乎没有天敌的新的环境中迅速发展壮大起来。一般人看来,那么美丽,那么美好,但我却喜忧参半。本次观察并拍摄到一些外来鸟种,相关信息综合参考了《世界鸟类分类与分布名录》、wiki 百科和网上的一些其他资料。

新西兰的朝霞

　　原鸽(*Columba livia*,Rock Dove)。估计是由广场鸽在野外自由繁殖而来,主要在各个城镇中生存。各地的叫法不一,台湾称其为"野鸽"。

原鸽

家麻雀(*Passer domesticus*,House Sparrow)。估计是跟着船溜过来的。只要有吃的,不愁找不到它们。它们会与鸥等共同抢夺人的食物碎屑。跟中国多数地区分布的麻雀不是同一物种,形态也不一样。最典型的辨认特征是,中国常见的麻雀"脸"上有黑斑,它们却没有。

家麻雀
(左:雄;右:雌)

苍头燕雀(*Fringilla coelebs*,Chaffinch)。鸣声优美,估计是作为笼中鸟被野放或逃逸后形成的种群。遍布全境的各种生境。

苍头燕雀

绿头鸭（*Anas platyrhynchos*，Mallard）。不知何时、何地被引入，也不知是不是人工饲养的家鸭逃逸后形成的种群，反正现在是遍布全境。

绿头鸭
（左：雄；右：雌）

加拿大雁（*Branta canadensis*，Canada Goose）。可能是作为观赏鸟被引入的吧。

加拿大雁

黑天鹅（*Cygnus atratus*，Black Swan）。人见人爱的动物。看见有人投食，会不顾颜值飞过去，也会跑到人面前乞食。可是它们真的是野生的。还有一只天鹅在孵卵，但它们真的不是本地应该有的。

黑天鹅

黑背钟鹊（*Gymnorhina tibicen*，Australian Magpie）。据说是为了抑制泛滥的昆虫而从澳大利亚引入的，遍布各地，它们的行为具有进攻性，可能已经对本地土著鸟造成了威胁。

黑背钟鹊

珠颈斑鸠(*Streptopelia chinensis*，Spotted-necked Dove)。估计也是作为观赏鸟种被引入。

珠颈斑鸠

粉头斑鸠(*Streptopelia roseogrisea*，African Collared Dove)。原分布于北非至欧洲。

粉头斑鸠

珠颈翎鹑（*Callipepla californica*，Californian Quail）。原产于美洲。

珠颈翎鹑

雉鸡（*Phasianus colchicus*，Common Pheasant）。这应该是观赏鸟逃逸的结果。

雉鸡

家八哥（*Acridotheres tristis*，Common Myna）。最初大概是为了听学人话而引入，但最后逃逸了吧。

家八哥

紫翅椋鸟（*Sturnus vulgaris*，European Starling）。全境遍布。

紫翅椋鸟

欧歌鸫（*Turdus philomelos*，Song Thrush）。若听过它们清晨的鸣唱，就可以知道为什么它们会被带到新西兰了。

欧歌鸫　　　　　　　　　欧歌鸫正在捕食蚯蚓

欧乌鸫（*Turdus merula*，Eurasian Blackbird）。跟我们这里常见的乌鸫看上去差不多，感觉叫声略有不同。

欧乌鸫

东玫瑰鹦鹉（*Platycercus eximius*，Eastern Rosella）。漂亮的东玫瑰鹦鹉在城市的花园、郊野的树林等都有分布，是从澳大利亚引进的。

东玫瑰鹦鹉

云雀（*Alauda arvensis*，Eurasian Skylark）。估计也是因为动人的歌喉而被引入的。它们经典的悬停鸣唱行为一直没有变。

云雀

红额金翅雀（*Carduelis carduelis*，European Goldfinch）。那一点红额一下子拉高了它的颜值。

红额金翅雀

　　欧金翅雀（*Carduelis chloris*，European Greenfinch）。本次旅行途中似乎见到欧金翅雀的概率比红额金翅雀少很多。

欧金翅雀

　　黄鹀（*Emberiza citrinella*，Yellowhammer）。常与红额金翅雀、家麻雀等混在草坪觅食。

黄鹀

林岩鹨（*Prunella modularis*，Dunnock）。在岩石质的山区能见到。远远望去，以为是麻雀类的，但当它们一张嘴，就能分辨出不同了。

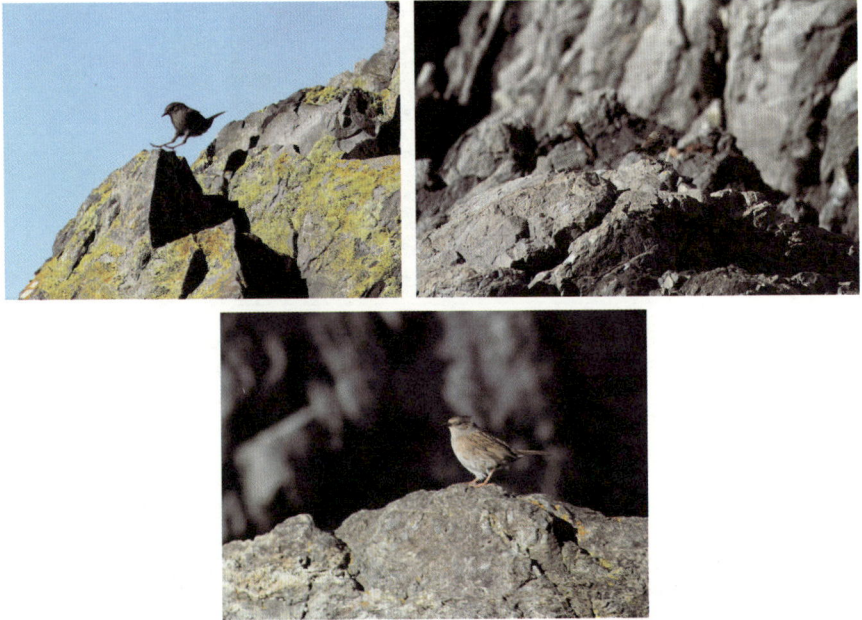

林岩鹨

由于是冬季，在新西兰看到的鸟种有限，但那么多外来鸟类出场，让我们此行大开眼界。否则，真的可能会感到新西兰的鸟种太单一了。但是，这些鸟种繁荣又会对新西兰的生态造成怎样的影响呢？食物、空间、物种与物种之间的错综复杂关系是不是会有很大改变呢？这个问题仅凭经验性的判断是难以得到准确答案的。

在查阅了新西兰鸟种名录后，心情感到沉重了许多。名录中有 45 种绝灭动物，有些绝灭的原因很明显，如恐鸟目的 11 个种是在人类进入后被"吃光"的。有些虽处于食物链顶级，但可能跟其他濒危或绝灭种一样，是由于食物链脆弱而减少直至绝灭的，如新西兰鹰、笑鸮。也有的可能是在同一个生态位中竞争处于劣势而被淘汰的。看到"新西兰天鹅"属于"绝灭"类，自然就会想到它们的亲戚——黑天鹅的繁盛。现在，我真的理解为什么新西兰的海关检疫那么严苛了。

发现最 "贵" 的免费学校

刘 奕

　　每个孩子都是天生的"问题"制造者,不得不承认,大多数家长都不擅长面对、引导和化解,我也是其中之一。尤其是到了大自然中,孩子的"问题"井喷式地涌现。别说在祖国大好河山中走南闯北了,就是逛个公园或小区,家长都会被孩子的"问题"难倒,完全招架不住。久而久之,不是家长懒得回答,而是孩子都懒得问了。然而,这确实是个大"问题"!

　　算了,天那么热,路那么远,我们买些百科全书在家里看吧。看纪录片也行,例如 Discovery、BBC 等。如今,央视纪录片的制作水平也堪称一流。"问题"迎刃而解。书本上、纪录片里产生的"问题"交给互联网解决,从此"问题"来得快去得也快。随之,更大的"问题"来了。女儿走在小区里,她的眼中再也没有了"问题",对一切都视若无睹。

偶然,我看到了一篇介绍诺贝尔物理学奖得主理查德·费曼(Richard Feynman)的故事,文中他谈及父亲对他的教育,令我茅塞顿开。

一次和小伙伴们聚会,一个小朋友问我:"你瞧见那只鸟儿了吗? 你知道那是什么鸟吗?"我说:"我不知道它叫什么。"他得意洋洋地说:"那是只黑颈鸫(Black-throated Thrush)呀,你爸爸怎么什么都没教你呢?!"其实,情况恰恰相反,我爸是这样教我的:"看见那鸟儿了吗? 那只斯氏鸣禽。"他指着那只鸟说:"在意大利,人们把它叫作查图拉波替达,葡萄牙人叫它彭达皮达,中国人叫它春兰鹅,日本人叫它卡塔诺·特克达,你看,就算你会用世界上所有的语言去称呼它,你其实还是对这种鸟一无所知,你所知道的,仅仅是不同地方的人怎么称呼这种鸟而已。我们还是来仔细瞧瞧它在做什么吧! 那才是真正重要的。"于是,我很早就学会了"知道一个东西的名字"和"真正懂得一个东西"是有区别的,要懂得"观察"事物。

我不能立即给出答案并没有关系,重要的是陪着孩子一起观察。观察是一切学习的开始。英国教育家斯宾塞认为,人类的一切学习活动都是由观察开始的。观察是人们认知世界、获取知识的主要途径之一。一个人如果对周围的事物视而不见或听而不闻,他就会失去学习的基础,从而使他的精神世界变得贫乏。相反,如果一个人对周围的事物充满了兴趣,善于观察并从中发现问题,他就会在不知不觉中学到知识,体验快乐。

大自然是最高级的配色师和创造者,混迹于大自然中的孩子当然不会感到无聊。眼睛应接不暇,鼻子闻东闻西,耳朵享受着360°的环绕音响,让人完全感觉不到城市的喧嚣。渐渐的,我发现自己对于四季的感知越来越敏锐,开始习惯用五官去感受身边的动植物变化,用手机和相机记录美好瞬间。久而久之,我发现原来身边藏着一个被自己忽略已久的巨大宝藏——最"贵"的免费学校。第一是"贵"在硬件,这所学校呈现的教具可能是经过了几亿年的进化;第二是"贵"在坚持,学校完全开放,学员的学习全靠自觉。这也印证了那句话,"世界上最珍贵的东西都是免费的"。

经过一年多的学习体验,我来谈谈我的一些体会。这所学校并没有外界宣传的那么神奇,仿佛是只要花上一两个小时去体验,就立刻变得"火眼金睛",觉知力和洞察力提升一个档次。曾几何时,"自然观察"和"自然笔记"成了非常流行的词,进入大众视野,但如果带着功利心来这所学校,就可能会失去耐心和兴趣。这需要耐得住性子,修炼内在的心性和隐性的素质、能力。

也许,你飞机加轮船不远千里赶到某地,只为亲眼看见一种生物或生态环境。金门慈湖的鸬鹚确是壮观一景。金门对岸就是厦门。鸬鹚吃在厦

吃在厦门、住在金门的鸬鹚

门,住在金门,阵型变幻不定,群舞长空。也许你可以通过电视新闻或报刊文字来知道这件事,甚至是通过 VR 等虚拟技术获得逼真体验。但是当你置身其中时,那种震撼是任何多媒体都无法取代的。

再说金门观鸟。戴胜是金门县的县鸟,但是民宿老板却告诉我们,金门人以往称戴胜为"墓坑鸟",因为它们常栖息或营巢于破墓穴,被认为是一种不吉祥的鸟类。现在的戴胜大多筑巢于闽南古厝建筑里,再加上这种鸟有沿用旧巢孵蛋的习惯,所以它也成为怀念故居的代表鸟种。生态摄影大师梁皆得更称其为"祖厝鸟"。

金门县鸟戴胜

一旦守护住这份兴趣,回到家后,我发现原来在公园和校园里的草坪上、树上藏着那么多漂亮的精灵。记得有次孩子对我说:"妈妈,今天我在学校看到一个鸟,像戴了墨镜一样。""哦,那应该是棕背伯劳。怎么啦?""它在欺负一只小猫。"我说道:"这鸟真的挺凶的。有一次我在财经大学教学楼门口等人,迎面看到两只鸟朝我呼啸而来,是一只棕背伯劳在追赶一只乌鸫,我当时完全被这场景震撼到了。心想,没有比这更 3D 的画面了。"类似于这样的对话讲起来没完。

灰椋鸟

栾树上的客人
（左上：红胁蓝尾鸲；右上：白头鹎；左下：黄腰柳莺；右下：喜鹊）

春季百花争艳，黄花也颇多，除了黄馨、连翘、迎春花以外，还有一种黄花特别显眼且高贵，那就是棣棠花。一次偶然的机会，我看到了北宋皇帝赵佶曾写过的一首《棣棠花》。孩子非常好奇，因为这幅书法与她在学校学习的起笔和收笔方式完全不一样，这是她第一次知道瘦金体。后来，我又陆续找到了十来首描写棣棠的诗词，其中有一首是金代高士谈的《棣棠》："闲庭随分占年芳，袅袅青枝淡淡香。流落孤臣那忍看，十分深似御袍黄。"如果没有亲眼见过一大片棣棠，就很难体会"御袍黄"是什么样的黄，也不知道这是高士谈在怀念赵宋王朝。还有一次，孩子在家里背诵四年级语文课本中王维的《鸟鸣涧》："人闲桂花落，夜静春山空。月出惊山鸟，时鸣春涧中。"有了之前的经验，她突然问我："桂花不是秋天才开花的吗？为什么会出现在描写春天的诗歌里？"我一时还真回答不上来，就提议在查资料前先来猜猜看。可能是古代的桂花和现代的不一样，可能"桂花落"不是指花落而是桂花的叶子落下来，可能是作者搞错了花的名字……你一言我一语，我们先来了一次"头脑风暴"。随后，带着好奇，我们开始查找资料，最多的一种解释是，这种桂花是四季桂，一年四季都开花。

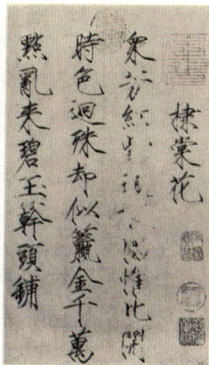

棣棠花观察　　　　　　　　赵佶瘦金体棣棠花

　　雨后出行,孩子总是要叮嘱我一句:"小心不要踩到蚯蚓,开车也不要压到。"有一段时间,孩子特别同情蚯蚓。她说下雨后,蚯蚓爬出来,不是被乌鸦吃掉,就是在人行道上被人踩死,或者被太阳晒干。她说她要解决两大难题,第一就是为什么下雨后蚯蚓要爬出来? 第二就是如何将蚯蚓拯救回去。第一个问题比较容易解决。查资料后知道,蚯蚓没有专门的呼吸系统,它靠皮肤呼吸,皮肤可以分泌黏液,皮下毛细血管可以和溶解在黏液中的氧气进行气体交换,因此蚯蚓必须保持皮肤的湿润。下过雨后,土壤的空隙被雨水占据,氧气含量降低,不利于蚯蚓呼吸,所以它要爬出土壤,到地表来呼吸。不过,雨过天晴后,如果蚯蚓不及时爬回土壤,皮肤被太阳晒干后,就会迅速窒息死亡。这也就是雨过天晴后我们总能在路上看见僵硬死亡的蚯蚓的原因。第二个问题的难点是她不敢用手去抓蚯蚓,那找什么工具来运送它们回家呢? 看着她一阵阵大呼小叫,许多工具使用也并不是太顺手,我问:"想不想体验一下蚯蚓是滑溜溜的还是毛糙糙的呢?"几番纠结后,她终于徒手拯救了一条蚯蚓。兴奋之余,她说:"妈妈,它们好像是毛糙的。"再经过一番观察后,她发现蚯蚓除了身体前两节之外,其余各节均有刚毛。我常常说这就是豪迈的情怀和柔软的心。对待自然,敬畏;对待生命,慈悲。

　　此时,繁花似锦的春天已经结束,夏花正静静地开放,孩子也无比期待地静静陪伴着我等待家里新成员的诞生。由于活动范围受限,我们更热衷于在小区里发现各种神奇的小生命,每每心潮澎湃,尤其是在雨后。

　　寻找昆虫拼的是耐心和眼力。昆虫的世界真像一个小小的世界,有时候我们就静静地看它们到底在干什么,有时候惊叹于它们的巧妙合作,有时候对它们的行动百思不得其解,以至于那个暑假我们一起看完了法布尔的《昆虫记》,边实践边读书,收益颇丰。

小区里的各种昆虫

转眼来到秋天，我怀孕后首先要过的就是在家静养这一关。所幸的是客厅大窗前有棵高大的栾树，一入秋，花果同期，每天早晚鸟儿都喜欢来这里集会，非常热闹。而白天蜜蜂可以在这儿忙碌上一整天。我时常驻足张望，聊以解乏。一个下雨天的午后，在层层树叶中我发现了一个珠颈斑鸠的巢。第二天更意外地发现了两个刚孵化的小家伙。从此,珠颈斑鸠就成了我最有共同语言的邻居,一起抚育宝宝。也许自然界所有动物的共同语言就是母爱。有天放学孩子手里捧着一个轻黏土作品,我看了一眼就问:"这是珠颈斑鸠?""是啊,妈妈,我做得像吗?""嗯嗯,还挺不错的。""今天老师让

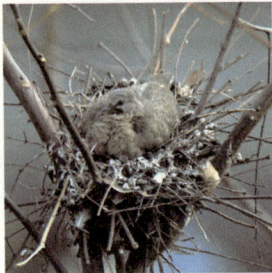

珠颈斑鸠

我们用轻黏土做一只平时常见的鸟,随便什么鸟都可以,同学们都做乌鸦(我猜小朋友们看到的可能是乌鸫),我觉得黑色的没什么特点,就做了珠颈斑鸠,感觉她脖子上那串项链最漂亮了。"

　　自然课堂并不只在远方,自然课堂就在你家小区,在每天上学、上班的路上,在阳台甚至窗前,二十四小时开放,只要你愿意,就能尽情体验、思考和学习。我将继续带着孩子一起加入这个最"贵"的免费学校。

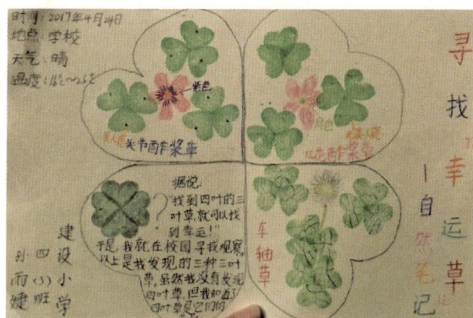

寻找"幸运草"——自然笔记